Elisabeth Welzig

Die 68er

Elisabeth Welzig

Die 68er

Karrieren einer rebellischen Generation

1985
Hermann Böhlaus Nachf. Wien · Köln · Graz

CIP-Kurztitelaufnahme der Deutschen Bibliothek

Welzig, Elisabeth:
[Die Achtundsechziger]
Die 68er : Karrieren e. rebell. Generation / Elisabeth Welzig. – Wien ; Köln ; Graz : Böhlau, 1985.
ISBN 3-205-07284-7

ISBN 3-205-07284-7

Satz: Fotosatzzentrum Süd-Ost Ges.m.b.H., Graz
Druck und Bindung: Druckerei Berger, Horn

Inhalt

Zerstörte Feindbilder

Wie immer die konkreten Nachwirkungen der Rebellion der 68er eingeschätzt werden – eines ist sicher: Sie haben die von traditionellen Freund- und Feindbildern geprägte politische Lagermentalität grundlegend verändert, sie gilt zumindest für die sensibel gebliebenen 68er heute längst nicht mehr.

Kaum einer läßt sich nach den herkömmlichen Etiketten einordnen. Die „Linken“ sind in einem anderen Sinn „links“ als damals. Einige, die in den sechziger Jahren dem konservativen Lager zugeordnet wurden, bekennen sich heute als SPÖ-Wähler. CVer, wie der Bonner Korrespondent des „Deutschen Allgemeinen Sonntagsblattes“ Werner A. Perger, schwärmen für Kreisky, und der frühere VSStÖ-Funktionär Silvio Lehmann sieht Interessantes aus der „Ecke“ des Wiener ÖVP-Chefs Busek kommen. Die Wertschätzung einzelner Persönlichkeiten hat für die meisten 68er nichts mit der Parteizugehörigkeit zu tun: Entscheidend sind Kreativität, Anstand und persönliches Engagement.

Zum Scheitern verurteilt ist aber auch eine Einteilung nach der heutigen beruflichen Position: Der Zwang, eine bürgerliche Existenz zu gründen, ließ fast alle 68er den Marsch durch die Institutionen antreten. Ich habe von keinem 68er gehört, der konsequent ausgestiegen wäre. Fast alle haben heute im politischen, wissenschaftlichen, sozialen oder künstlerischen Bereich ihren Beruf. Manche freilich auch nur ihren Broterwerb: Sie haben sich in eine Art „innere Emigration" zurückgezogen.

Die vorgenommene Kategorisierung entbehrt daher nicht einer gewissen subjektiven Willkür. Wichtiger als die Unterschiede in der beruflichen Entwicklung schien mir, das Gemeinsame der 68er herauszuarbeiten.

Wien – Graz, im Sommer 1985 *Elisabeth Welzig*

Anton Pelinka

Zu einem konfliktfreudigeren Bewußtsein

Es gehört zu den üblichen Annahmen, daß die Studentenbewegung in Österreich verspätet und abgeschwächt wirksam wurde. Das ist zweifellos richtig – Österreich wurde von den großen Ereignissen des Jahres 1968, die sich auf Prag und Paris konzentrierten, nur am Rande erfaßt; die österreichischen Universitäten waren weit davon entfernt, Zentren von Auseinandersetzungen jener Intensität zu sein, die in Berlin oder Berkeley an der Tagesordnung waren. Dennoch aber waren die Fernwirkungen der abgeschwächten Studentenbewegung in Österreich prägend. Weder die Ära Kreisky noch das allmähliche Zerbröckeln des traditionellen Parteiensystems sind ohne Studentenbewegung vorstellbar.

Zur Vorgeschichte des Jahres 1968 in Österreich zählt das Jahr 1966. Die Große Koalition brach auseinander, ein Wahlerfolg der Volkspartei wurde zum auslösenden Moment der Bildung einer Einparteienregierung – die Grundlage war jedoch weniger ein Trend zur ÖVP und mehr eine Schwächeperiode der SPÖ. Die SPÖ konnte aus ihrer Oppositionsrolle heraus die neue gesellschaftliche Mobilität für sich nützen; nur aus dieser Oppositionsfunktion heraus war der Aufstieg der Sozialisten unter ihrem 1967 neu bestellten Parteivorsitzenden Bruno Kreisky möglich.

Noch 1967 erzielte die SPÖ bei Landtagswahlen in Salzburg und in Oberösterreich überraschend deutliche Gewinne. Und Anfang 1968 war die umfassende Umbildung der Regierung Klaus, war auch das nun aufkommende Reden über eine „Hofübergabe" Schwächezeichen der regierenden Volkspartei. Am Beginn des Symboljahres 1968 standen die Zeichen jedenfalls auf Tendenzwende, war ein Pendelschwung in Richtung auf Sozialdemokratie unübersehbar.

Die Innenpolitik des Jahres 1968 zeigte, daß der Wahlerfolg der ÖVP 1966 auf verschiedene Zufallsfaktoren und nicht auf grundsätzliche Entwicklungen zurückgeführt werden mußte. Die ÖVP hatte gewonnen, weil die SPÖ durch die kommunistische Wahlempfehlung und durch den „Fall Olah" geschwächt war. Mit dem Parteitag 1967, der Bruno Kreisky zum Parteivorsitzenden der Sozialisten machte, begann der Trend zugunsten der Linken.

Doch das Jahr 1968 hätte nie seine Symbolkraft erhalten, wäre nicht die internationale Lage gewesen. Der Vietnamkrieg erreichte in diesem Jahr seinen traurigen Höhepunkt, auch in dem traditionell USA-freundlichen Österreich mehrte sich der Protest gegen diesen Krieg einer Supermacht gegen eine Kraft, mit der sich viele allein schon deshalb identifizieren konnten, weil sie für die gesamte Dritte Welt zu stehen schien.

1968 war auch das Jahr des Prager Frühlings und des Pariser Mai. In beiden Fällen war es die demokratische Linke, die in Europa und auch in Österreich den „Dritten Weg" herbeihoffte – zwischen einem erstarrten, den Stalinismus nicht wirklich überwindenden „Realsozialismus“ und einem Kapitalismus, der sich auch einer anscheinend völlig angepaßten Sozialdemokratie zu bedienen verstand. Der Protest gegen den Vietnamkrieg als negativer Bezugspunkt – die Hoffnung auf Prag und Paris als positive Bezüge: Auch das war eine politisch-psychologische Rahmenbedingung des Jahres 1968.

Die Studentenbewegung und die österreichischen Ereignisse rund um 1968 fanden aber – über diese allgemeinen, internationalen Voraussetzungen hinaus – spezifisch österreichische Bedingungen vor. Diese Bedingungen lassen sich unter dem Begriff der Verspätung zusammenfassen:

- Österreich war als Demokratie verspätet. Demokratie, demokratische Republik, demokratische Verfassung und demokratischer Prozeß wurden Österreich zweimal von oben verordnet: 1918 und 1945. Demokratie war in Österreich zweimal nicht das Ergebnis eines Kampfes der Österreicher um Demokratie, Demokratie war zweimal das Ergebnis der Niederlage der Armeen, in denen die meisten Österreicher mehr oder minder freiwillig zu kämpfen hatten. Österreich, das war (und ist) das Land ohne erfolgreiche Revolution, das Land einer Aufklärung durch die Regierenden, das Land einer Demokratie durch die Siegermächte.

- In Österreich war auch der Liberalismus verspätet; der ökonomische wie der kulturelle Liberalismus. Als Ergebnis eines gesamteuropäischen West-Ost-Gefälles kamen in Österreich die ökonomische Dynamik und die politische Formation von Kapitalismus und Liberalismus später als in Westeuropa und, darüber hinaus, unter teilweise ausländischen Vorzeichen zur Geltung. Politisch hatte der Liberalismus 1880 schon wieder abgedankt, ökonomisch blieb er eingezwängt zwischen sozialkonservativem Staatsinterventionismus und einer Abhängigkeit vom ausländischen Kapital.

- Österreich war auch als Bildungsgesellschaft wesentlich verspätet. Der Prozentsatz der Österreicher, der an Universitäten studierte, lag unter dem europäischen Durchschnitt. Die österreichische Bildungspyramide glich mehr einer industriellen Anfangsgesellschaft und nicht einer hochentwickelten Spätgesellschaft. 1968 war jedenfalls der durchschnittliche Aufwand an finanziellen Aufwendungen für die Bildung eines Österreichers weit unter dem europäischen Durchschnitt, war auch die Zeit, die ein durchschnittlicher Österreicher an Schule und Universität verbrachte, weit unter dem europäischen Durchschnitt.
- Die österreichische Gesellschaft war auch in ihrer Loslösung von vorindustriellen Legitimationsmustern hinter dem europäischen Trend zurückgeblieben. Die Säkularisierung als Emanzipation der Gesellschaft von institutionalisierten Glaubensvorgaben war erst in Ansätzen da, der politische Katholizismus als Ehe zwischen Partei und Altar im wesentlichen nur verbal überwunden. Neben der sozialen Fragmentierung war 1968 die religiöse Fragmentierung nach wie vor die dominante Bruchlinie der österreichischen Gesellschaft – auf der einen Seite stand eine Subgesellschaft des intensiven, des aktiven Katholizismus; auf der anderen Seite stand eine sich bewußt davon abhebende, dagegen auftretende, aber eben deshalb ebenfalls vorsäkulare Subgesellschaft.

Dieses verspätete Österreich wurde von einer destabilisierenden Welle gesellschaftlicher Unruhe erfaßt. Das, wofür die Studentenbewegung 1968 (und in den Jahren danach) stand, war geradezu die Antithese der österreichischen Verspätung:

- Gegen die Verspätung der Demokratie wurde die Formel von der Demokratisierung aller gesellschaftlichen Teilbereiche gesetzt. Tatsächlich wagen es jedenfalls zumindest die beiden Großparteien seither nicht mehr, Demokratie als bloß staatliche Konfliktregelung zu vertreten; seither gilt weitgehend unbestritten Demokratie als gesamtgesellschaftliches Prinzip. Demokratie soll auch den Alltag bestimmen, soll auch die Erziehung beeinflussen; Demokratie soll nicht vor den Fabrikstoren halt machen, soll auch die Wirtschaft erfassen. Schuldemokratie und Wirtschaftsdemokratie, Mediendemokratie und Universitätsdemokratie – auch diese Begriffe, auch diese Konzepte, hinter denen freilich oft verschiedene Inhalte stehen, sind ein Ergebnis der Studentenbewegung.
- Gegen die strenge Verregelung gesellschaftlichen Verhaltens setzte die Studentenbewegung eine Freizügigkeit des Umganges, der sich gerade in zwischenmenschlichen Beziehungen, aber auch in einer Einstellung zu gesellschaftlichen Werten ausdrückte. Nicht zufällig betrafen die wichtigsten gesetzlichen Vorhaben der SPÖ in den ersten Jahren ihrer Alleinregierung nach 1970 Probleme der Liberalisierung, die noch wenige Jahre zuvor – wie etwa die Fristenlösung – nicht einmal programmatisch von der SPÖ vertreten werden konnten. Freizügige Formen im Umgang zwischen Mann und Frau, Gleichberechtigung nicht nur vor dem Gesetz, sondern auch im konkreten Leben; die Durch-

brechung und die Relativierung der Rolle des Mannes und der Rolle der Frau – auch das brach nach 1968 voll aus, auch das beeinflußte die Innenpolitik; auch – aber nicht nur – bei der Strafrechtsreform.

● Gegen eine elitäre Bildungsgesellschaft, in der akademische Titel den Charakter sekundärer Adelstitel besaßen, vertrat die Studentenbewegung den Begriff der Massenuniversität. Beginnend schon vor 1968, aber voll einsetzend mit den Ereignissen der Studentenbewegung wurden auch tatsächlich die Tore der österreichischen Universitäten weit geöffnet, schloß sich Österreich dem gesamteuropäischen Trend zu einer Massenbildungsgesellschaft an, wurden auf diese Weise soziale Bildungsschranken allmählich abgebaut. Daß besser ausgebildete Menschen bessere Berufschancen haben, daß die Angst vor der Massenarbeitslosigkeit erst recht zur Massenuniversität führen muß, das alles wurde durch den sozialen Protest der Studentenbewegung nur noch verstärkt.

● Gegen die vielfältig abgesicherte Bindung von Staat und Kirche, aber auch gegen die sekundär religiösen Rituale in den politischen Lagern setzte die Studentenbewegung einen aggressiven Nonkonformismus, der vor der weihevollen Atmosphäre akademischer Feiern ebensowenig haltmachte wie vor den Traditionen des Maiaufmarsches der Wiener Sozialisten. Studenten protestierten gegen das weitgehend sinnentleerte Zeremoniell an der Universität, sie wollten Talare abschaffen, um so neuen Wind zu symbolisieren; sie protestierten aber auch gegen eine nicht mehr als sinnvoll erkannte Form des politischen Zeremoniells, sie ließen auch die Berufspolitiker der Sozialdemokratie nicht mehr ohne Unterbrechung, ohne Provokation einfach so reden.

Die Studentenbewegung war der Vorreiter der Veränderungen, die in der Ära Kreisky paternalistisch verschleiert werden konnten und die danach unmittelbar wirken können: Der allmähliche Auszug aus den Parteikirchen, das allmähliche Abbröckeln der Lagermentalität, die allmähliche Emanzipation der Gesellschaft von den Institutionen eines spätjosefinischen Staates sozialkonservativen Zuschnitts. Der sozialkonservative Grundkonsens, der die Zweite Republik prägte, begann 1968 fragwürdig zu werden – und er wurde in den achtziger Jahren von einer immer größeren Zahl von Österreichern aufgekündigt.

Die Ereignisse des Jahres 1968 hatten auch ihre konkrete studentische Vorgeschichte. Der „Fall Borodajkewycz" machte zum erstenmal in der Geschichte der Zweiten Republik einen universitären Vorfall zu einem gesamtgesellschaftlichen, zu einem hochpolitischen Problem. 1965 machten Studentenvertreter einer breiteren Öffentlichkeit die antisemitischen Auffassungen des Geschichtsprofessors an der damaligen Hochschule für Welthandel bekannt. Daß bei der zweiten der Demonstrationen der erste und bisher einzige Gewalttote innenpolitischer Auseinandersetzungen der Zweiten Republik zu beklagen war, unterstreicht nur noch den symbolischen Gehalt dieses Falles.

Im „Fall Borodajkewycz" standen einander zwei Auffassungen von Studententum gegenüber. Für Borodajkewycz wurde ja offiziell nicht eingewendet, es wäre richtig und erlaubt, antisemitische Einstellungen als Lehrmeinungen zu verbreiten; für

Borodajkewycz wurde angeführt, daß es um die Freiheit von Forschung und Lehre ginge. Für Borodajkewycz stand eine elitäre Auffassung von Universität und Studium. Borodajkewycz wurde zum Symbol für eine über der Gesellschaft, über der Demokratie, über den Nichtakademikern stehenden Universität.

Gegen Borodajkewycz standen diejenigen, die der Universität einen solchen Sonderstatus nicht zubilligen wollten. Die Universität: auch sie sollte wie alle anderen Institutionen der Gesellschaft verantwortlich sein; auch sie sollte als politisch, als demokratisierbar verstanden werden.

Damit war eine wichtige Frontstellung des Jahres 1968 und der Jahre danach gegeben. Die Studentenbewegung richtete sich ja zunächst und zuallererst gegen die Traditionen einer Universität, die aus dem Mittelalter, die jedenfalls nicht aus einer demokratischen Gesellschaft des 20. Jahrhunderts zu kommen schien. Die Adelsrepublik privilegierter Professoren geriet ins Blickfeld der Kritik. Die beiden ÖVP-Unterrichtsminister, in deren Amtszeit die Studentenbewegung noch fiel (Piffl-Perčević und Mock), akzeptierten grundsätzlich den Anspruch auf studentische Mitbestimmung. Noch zur Zeit der Regierung Klaus wurden erste Entwürfe diskutiert; die Mitbestimmung von Assistenten und Studenten an den Universitäten zu verankern. Und als 1975 das Universitätsorganisationsgesetz (UOG) unter der Federführung des von Hertha Firnberg geführten Wissenschaftsministeriums vom Parlament beschlossen wurde, da war zwischen den Parteien der Grundsatz der Mitbestimmung an den Universitäten unbestritten. Es ging nur um Art und Umfang, um die Konkretisierung des Prinzips.

Die einzige organisierte Gruppe, die sich gegen diesen Grundsatz zu stellen schien, waren die Professoren – die Mehrheit des Professorenverbandes lehnte aus viel weitergehenden, viel prinzipielleren Gründen als die Opposition das UOG ab.

Es war die Studentenbewegung, die das Mitspracherecht von Studenten und Assistenten an der Universität zum Thema gemacht hatte. Und es war der Druck der Studentenbewegung, der österreichischen und der europäischen, der die Parteien zum Handeln brachte. Ohne Studentenbewegung keine universitäre Mitbestimmung; ohne Studentenbewegung kein Universitätsorganisationsgesetz.

Doch die Universität wurde nicht nur gegenüber den Mitbestimmung beanspruchenden Gruppen geöffnet; sie wurde auch sozial offener. Der umfassende politische Anspruch, den die Studentenbewegung an die Universität richtete, führte zu einer prinzipiellen Umorientierung studentischer Vertretungspolitik. Die Österreichische Hochschülerschaft übernahm im Zuge der Studentenbewegung wie selbstverständlich ein „politisches Mandat“, sie äußerte sich nicht bloß zu Fragen der Universitätsreform, sondern zu Fragen der Gesellschaftsreform; sie sprach nicht nur gegen einzelne inneruniversitäre Mißstände, sie beteiligte sich auch an Kundgebungen gegen den Krieg in Vietnam, gegen den Rechtsradikalismus, gegen Mißstände schlechthin. Studentenpolitik, das hörte um 1968 wohl endgültig auf, primär Standespolitik zu sein; Studentenpolitik ist seither weitgehend unbestritten umfassende Politik, umfassende Interessenvertretung.

Diese Erweiterung politischer Betätigungen an der Universität entsprach auch dem Ziel einer sozialen Öffnung der Universität. Gerade in Österreich war das Studium weitgehend eine bürgerliche Sache – Arbeiter- und Bauernkinder waren eine kleine Minderheit. Es war weniger die finanzielle Barriere, sondern vielmehr eine sozialpsychologische, teilweise auch eine geographische Barriere, die die Kinder sozial schwächerer Gesellschaftsschichten vom Besuch einer Universität abhielt. Freilich waren (und sind) die Selektionsmechanismen lange vor der Universität wirksam – die Frage, ob ein Kind eine höhere Schule oder eine Hauptschule besucht, war (und ist) die wohl entscheidende Weichenstellung.

Dennoch begann die Studentenbewegung auch hier einiges in Fluß zu bringen. Zwar wurde seither der eindeutige Startvorsprung bürgerlicher Schichten keineswegs abgebaut, aber diese Zielvorstellung ist zumindest selbstverständlich; und die schon mit der Wiedergründung der Universität Salzburg betriebene breitere Streuung des Universitätsangebotes führte zu einer wichtigen Verringerung geographischer Hindernisse. Die ebenfalls noch vor 1968 gegründete Universität Linz, vor allem aber die mit besonderen Reformzielen ins Leben gerufene Bildungsuniversität Klagenfurt drückten diese Öffnung zur Gesellschaft besonders deutlich aus.

Die Studentenbewegung zwang, Tore aufzumachen; und sie führte dazu, daß die Universität und der Zugang zur Universität nach bestimmten Kriterien sozialwissenschaftlicher Analyse immer stärker überprüft wurden. Seit 1968 ist zwar der Anteil der Arbeiter- und Bauernkinder nicht signifikant gestiegen, sehr wohl ist aber der Anteil weiblicher Studenten bedeutend größer geworden. Auch das steht in indirektem Zusammenhang mit der Studentenbewegung: Die Vorstellung vom gleichen Zugang zur Bildung und – durch die Bildung – zu allen gesellschaftlichen Positionen wurde erst rund um 1968 zu einer weitgehend selbstverständlichen Auffassung. Lange Zeit waren bestimmte Studien, waren bestimmte akademische Positionen Frauen praktisch verschlossen. Nun aber nähert sich der Anteil der Frauen an den Universitäten der 50%-Schwelle.

Freilich – ein Bereich ist den Frauen auch durch die Studentenbewegung nicht wirklich geöffnet worden: die Positionen an der Universität selbst. Lehre und Forschung durch Universitätslehrer sind auch, 17 Jahre nach dem Höhepunkt der Studentenbewegung, eine eindeutig männliche Domäne.

Die Studentenbewegung leitete einen Entfremdungsprozeß zwischen Studenten und Parteien ein. Bis 1968 war es weitgehend selbstverständlich, daß die Österreichische Hochschülerschaft, die die Studenten als eine Art Kammer vertreten sollte, von den Parteien beherrscht war. Studentische Gruppierungen, mit den traditionellen Parteien eng verbunden, vertraten studentische Interessen. Und die Funktionäre dieser Hochschülerschaft machten meist nach dieser politischen Anfangstätigkeit in ihren jeweiligen Parteien politische Karriere.

1968 gab es zwischen den Parteien und ihren Studentengruppierungen immer größere Spannungen, immer größere Abstände. Der Verband sozialistischer Studenten stürzte sich in einen Dauerkonflikt mit der SPÖ, der der ÖVP zugezählte Wahlblock mußte mehrfach umgruppiert werden, er vertrat schließlich Positionen, die nur schwer mit denen der Volkspartei in Einklang zu bringen waren. Und auch der Ring freiheitlicher Studenten versuchte um 1968 ein liberales Profil zu gewinnen und so den alten Deutschnationalismus abzuschütteln – ein Versuch, den die FPÖ erst Jahre später nachmachen sollte.

Durch diese teilweise Distanzierung, durch diese teilweise Abkoppelung der Studentenparteien von ihren Überparteien wurde die bis dahin selbstverständliche Rekrutierung gestört. Tatsächlich riß bald nach 1968 die Karriereleiter teilweise ab, die letzten direkt aus der Studentenpolitik in die Parteien aufrückenden Politiker waren rund um das Jahr 1968 studentisch aktiv – etwa Erich Schmidt für die SPÖ, etwa Friedhelm Frischenschlager für die FPÖ. Doch schon um 1968, erst recht in den Jahren danach büßten die Parteien immer mehr ihre traditionelle Rekrutierungsbasis auf Universitätsboden ein.

Viele, die um 1968 in bestimmten „unteren" Bereichen der Politik aktiv waren, wurden von der Atmosphäre der Ereignisse geprägt. Es entstand auch der Zusammenhalt einer Generation. Der Vorsitzende des Österreichischen Bundesjugendringes des Jahres 1968 hieß Erhard Busek; das Sekretariat des Bundesjugendringes wurde von Hilde Hawlicek geleitet; einer der führenden Repräsentanten der Sozialistischen Jugend im Bundesjugendring war Peter Schieder. Der spätere ÖVP-Generalsekretär und Vizebürgermeister von Wien, Busek, wurde auch durch die Kooperation mit der späteren SPÖ-Abgeordneten Hawlicek und dem späteren SPÖ-Stadtrat und Zentralsekretär Schieder geprägt. Rund um 1968 standen sie in einer gemeinsamen, doppelten Frontstellung – als Vertreter der Jungen gegen die Alten, gegen die traditionellen Parteien, gegen die nicht immer Lernfähigkeit demonstrierenden Parteispitzen. Und gleichzeitig mußten sie als Parteijugendliche sich auch gegen den Ansturm der Studentenbewegung wehren, mußten zeigen, daß sie nicht bloß die Hampelmänner der traditionellen Politik waren. Diese Generation der Politiker ist nicht mehr von 1934 oder auch 1945 geprägt, sie ist geprägt von solchen Gemeinsamkeiten wie der doppelten Frontstellung des Jahres 1968. Daß Politiker dieser Generation einander nicht mehr als Feinde empfinden, ist zur Selbstverständlichkeit geworden.

Auch diese Veränderung der innerparteilichen Rekrutierung zeigt, wie sehr die Ereignisse rund um 1968 der Anfang vom Ende bestimmter traditioneller Vorstellungen waren. Die Parteien, bis dahin wahre Meister in der Integrierung verschiedenster politischer Strömungen, hatten mit der Studentenbewegung ihre Mühe. Vordergründig schien es ihnen noch einmal gelungen zu sein, die radikaldemokratische, teilweise anarchistische, in vielen Punkten linkssozialistische Bewegung zu vereinnahmen. Mit der Universitätsreform, mit der Aufnahme einiger Studentenvertreter in die höheren Ebenen der Politik schien man zur Tagesordnung der Normalität übergehen zu können.

Doch bald nach Beschlußfassung des Universitätsorganisationsgesetzes mußte man erkennen, daß diese Rückkehr zur Normalität bloße Fassade war. Zwar wurde es an den Universitäten wieder ruhiger, Studenten schienen wieder mehr zu studieren und weniger zu politisieren. An die Stelle der aufmüpfigen trat wiederum die angepaßte Universität.

Doch es gärte außerhalb der Universität. Das Engagement gegen die Inbetriebnahme des Atomkraftwerkes Zwentendorf zeigte das Fortleben des radikaldemokratischen Impulses. Und das Aufkommen neuer politischer Instrumente, etwa in Form von Bürgerinitiativen und einer verstärkten Neigung zur direkten Demokratie, unterstrich diesen Wandel. Als schließlich in den achtziger Jahren neue Gruppierungen den traditionellen Parteien als ernstzunehmende Konkurrenten gegenübertraten, mußte allen Beobachtern klar sein – die Republik Österreich, ihr so stabiles politisches System, war im Wandel begriffen.

Und dieser Wandel hält an, läßt sich nicht mit einigen kleinen Korrekturen, mit einigen Retuschen, mit einem grünen Flügel da, mit einem Paradejugendlichen dort auffangen.

Die Träger dieses Wandels sind teilweise die Träger der Studentenbewegung von 1968, teilweise deren Nachfolger. Die jungen Lehrer, die an österreichischen Schulen – eingebettet in ein dichtes Netzwerk parteipolitischen Protektionismus – faktisch zur Distanz vom Parteienstaat erziehen, geben den Geist des Jahres 1968 weiter. Die Studenten, die am Jahresende 1984 in Hainburg demonstrierten, drücken die seit 1968 wieder interessant gewordene Utopie von der Möglichkeit einer sich selbst regulierenden Gesellschaft aus. Und auch die weitgehend eher konservativ besetzte Forderung nach weniger Staat hat – als antizentralistische Formel – auch einen Teil ihres Ursprunges in der Studentenbewegung.

Die Studentenbewegung 1968 war der Beginn eines Konfliktes zwischen den Generationen, wie ihn die Zweite Republik nicht gekannt hatte. Und dieser Generationenkonflikt führt direkt nach Zwentendorf und Hainburg: Die älteren Österreicher stehen gegen die jüngeren Österreicher, insbesondere diejenigen unter den jungen, die mit der Universität in Berührung gekommen sind.

Schon einmal hat es in der Geschichte der Republik einen solchen Konflikt gegeben – der Nationalsozialismus war eine Bewegung vor allem der Jugend, insbesondere der studierenden Jugend. Doch während die Universitäten in Österreich vor 1938 von der Demokratie weg erzogen, ist das Ergebnis der politischen Sozialisation an den österreichischen Universitäten ab 1968 eine Radikalisierung im Sinne einer verstärkten Betonung der Demokratie – bis 1938 wurden eher radikale Antidemokraten, ab 1968 werden eher radikale Demokraten von den Universitäten produziert.

Soziale Diskriminierung ist auch ein Bestandteil der Gesellschaftsordnung, die durch die Studentenbewegung nicht abgeschafft, die aber durch sie bewußter geworden ist. Österreich, immerwährend neutral, mit vielen historischen und aktuellen Besonderheiten ausgestattet, ist letztlich ein Land mit einer westlichen, d. h. auch kapitalistischen Gesellschaftsordnung. Auch dafür hat die Studentenbewegung den Blick geschärft, und dorthin bewegt sich die österreichische Gesellschaft. Die Offenheit der Konfliktaustragung, das Bewußtsein der Interessengegensätze ist auch ein Teil dieser Gesellschaftsordnung.

Das obrigkeitsstaatliche und gleichzeitig wohlfahrtsstaatliche, das konservative und gleichzeitig sozialdemokratische, das nach dem Bewußtseinsstand der Regierten so gestrige und nach dem Absichtsstand der Regierenden so fortschrittliche Österreich ist dabei, sich an westliche Normalitäten anzupassen. Ruhe allein ist nicht mehr unbedingt positiv – und damit hat die Studentenbewegung begonnen, die als erste Kraft der Zweiten Republik die positive Wirkung demonstrativer Konflikte für sich einzusetzen verstanden hatte. Soziale Sicherheit ist nicht mehr unbedingt das letzte Ziel – auch das hat die Studentenbewegung vorgelebt, die an den heiligen Kühen des Wiederaufbaues und des Wirtschaftswachstums zu rütteln begonnen hatte.

Die Studentenbewegung hat diese Beweglichkeit vorweggenommen, sie hat diese Beweglichkeit provoziert, sie ist so zum Vorboten einer Dritten Republik geworden – einer Republik, die sich nicht durch andere Institutionen, durch neue Spielregeln von der Zweiten Republik unterscheidet; die jedoch ein neues, ein beweglicheres, ein konfliktfreudigeres, ein unbequemeres Bewußtsein besitzt.

Innsbruck, im Sommer 1985 *Anton Pelinka*

„Kritik ist nur gestattet als Lobhudler der Misere . . .“

In jüngster Zeit zeigte sich wieder einmal, daß man aus der Geschichte, auch wenn sie noch so kurz zurückliegt, doch recht wenig lernt: Die Demonstration in Hainburg kam für das Establishment ähnlich überraschend wie die Unruhe unter den Studenten in den sechziger Jahren. Noch in den ersten Dezembertagen 1984 meinte Verkehrsminister Ferdinand Lacina in einem Gespräch mit mir, die Bewegung gegen Hainburg habe keine Basis. Sie sei nur eine von ein paar eitlen Wortführern gesteuerte Kampagne.

Mag sein, daß einige Leute aus rein strategischen Gründen (auch in den Medien) den Widerstand angeheizt haben. Nur – der Unmut in der Jugend muß schon vorher da gewesen sein, sonst hätten nicht so viele so lange durchgehalten. Die Au war nur ein Symbol, ein zweites „Hainburg“ ist jederzeit möglich: Der Widerstand gegen die Abfangjäger war ein eindeutiges Zeichen dafür. Die Politiker, von wenigen Ausnahmen abgesehen, spüren das Unbehagen an der Basis offenbar noch immer nicht. Sie beachten weder, was im Ausland schon seit Jahren vor sich geht, noch erinnern sie sich an ihre eigene Vergangenheit.

Dabei sind viele derjenigen, die heute das Sagen

haben, vor zwanzig Jahren selbst auf der anderen Seite gestanden. Und einige von ihnen sind nicht nur gestanden, sie sind auch an der Spitze von Demonstrationszügen mitmarschiert: Zuerst waren es Heinz Fischer und Karl Blecha, später Ferdinand Lacina, Erich Schmidt, Albrecht Konecny (heute Herausgeber der „Arbeiter-Zeitung“) und Herbert Tumpel (heute Leiter der volkswirtschaftlichen Abteilung im ÖGB) – um nur einige zu nennen. Den glattesten Übergang vom Kritiker zum Verfechter der Sozialpartnerschaft hat zweifellos Erich Schmidt geschafft: Der einstige Bundessekretär des VSStÖ ist heute Staatssekretär im Handelsministerium.

„Gegen die Revisionisten“ in der SPÖ und SPD – gemeint waren Bruno Kreisky und Willy Brandt – hat in jungen Jahren auch Wissenschaftsminister Heinz Fischer demonstriert. Seine persönliche Konsequenz heute, im Rückblick auf die eigene studentenbewegte Zeit: „Man soll Auseinandersetzungen nicht auf die Spitze treiben und Konflikte vermeiden, es ist schade um die Energien.“

Die Hainburg-Demonstranten sahen in ihm einen der schärfsten Gegner: Er soll, so heißt es, die Drähte im Hintergrund gezogen haben. Sein Pressesprecher Bruno Aigner, schon 1968 und heute noch immer bewegt, steht „zwischen den Fronten“. Er hat auf seinem „Marsch durch die Institutionen“ jedenfalls manche ideologischen Ansprüche von damals „herübergerettet“, wie er selbst sagt. Für ihn hat sich die „kopflastige 68er-Bewegung in Richtung Bauch entwickelt“.

„Rotzbuam“

Vielleicht können die Politiker mit der Jugend heute deshalb nicht mehr reden? In den sechziger Jahren mußte alles hinterfragt und reflektiert werden, es gab „sit ins“ und „teach ins“, speziell in Wien hat das Mailüfterl mit einem „love in“ begonnen und mit einem „shit in“ wieder aufgehört. Es gab heiße Diskussionen mit dem damaligen Unterrichtsminister Theodor Piffl-Perčević, und Bundesparteiobmann Bruno Kreisky nannte seine VSStÖler „Rotzbuam“.

Im Dezember 1984 saßen die Jugendlichen in Hainburg und sangen Weihnachtslieder. Die Kommunikation war abgebrochen, kein einziger sozialistischer Spitzenpolitiker hat sich die Mühe gemacht, die Demonstranten zu besuchen und mit ihnen zu reden.

Die Reportagen über die 68er sollen keine nostalgische Rückschau sein; sie haben vielmehr die Absicht, Erinnerungen wachzurufen, um die Gegenwart verständlicher zu machen.

Am 1. Mai 1968 nannte der damalige Wiener Bürgermeister Bruno Marek jene Studenten, die den Tag der Arbeit nicht nur mit Blasmusik feiern wollten, eine „Gruppe Nihilisten, die irgendeine ‚Himmelfahrt‘ vorbereiten“. Und weiter erklärte Marek in einem Rundfunkinterview am selben Tag: „Das waren keine Wienerinnen und Wiener, sondern das sind Menschen, die haltlos im luftleeren Raum leben, in einem seelischen Selbstmordstadium. Das sind unglückliche Menschen, die eigentlich der Behandlung eines Nervenarztes zugeführt werden sollten.“ Inzwischen sind 17 Jahre vergangen, und manchen Politikern sind noch immer keine „besseren“ Argumente eingefallen.

„Wir nehmen ganz einfach nicht zur Kenntnis, daß hier in diesem Lande Studenten tun können, was sie wollen, Studenten, für die ihr alle arbeitet, damit sie studieren können, damit sie in die Au können, um gegen die Vernunft, um gegen Österreich zu demonstrieren“, wetterte Arbeiterkammerpräsident Adolf Czettel am 17. Dezember 1984 bei der Betriebsräteversammlung in Hainburg. Staatssekretär Erich Schmidt, 42, warnte bei derselben Veranstaltung vor „Rattenfängern, die ihr persönliches politisches Süppchen kochen“.

1968 zeichnete der VSStÖ-Funktionär Erich Schmidt für die Verbandszeitschrift „alternative“ und für zahlreiche Flugblätter verantwortlich. In einem dieser Fluglätter ist zu lesen: „Die gewalttätige Gesellschaft, der ein Furz mehr Ärgernis bedeutet als Millionen Toter, deformiert alle ihre Angehörigen. Über ihre eigene Vermittlung hinausgehende Inhalte werden absorbiert: Die Kritik ist nur gestattet als Lobhudler der Misere oder als Feigenblatt sich so bezeichnender Toleranz.“

Schmidt selbst begründet seine Veränderung mit einem „klaren Blick“, den man in der konkreten politischen Arbeit bekommt: „Dieser Blick hat sich zweifellos geschärft. Das heißt nicht, daß man von den Grundprinzipien abrückt. Aber das Entscheidende ist, daß man, von einer Grundeinstellung ausgehend, Möglichkeiten sieht, was beeinflußbar und veränderbar ist und wie es beeinflußbar ist. Das erkennt man viel besser in der pragmatischen täglichen Arbeit, wobei das sicher nicht dazu führen darf, daß man von den Grundprinzipien abrückt.“

Der Beginn

„Es war, als würde die Geschichte durch einen durchfahren. Wir wollten eine neue Welt bauen und hatten vor den Autoritäten mindestens soviel Angst, wie wir Hoffnung hatten", beschreibt Georg Hoffmann-Ostenhof, Ex-Trotzkist und schon seit geraumer Zeit AZ-Redakteur, das Lebensgefühl in den sechziger Jahren. Tatsächlich war die Studentenrevolte, wie der im Vorjahr verstorbene Politologe Klaus Mehnert[1] schreibt, eine weltumspannende revolutionäre Bewegung.

Der Protest sprang von einem Land zum anderen über, wie ein Steppenbrand. Nicht in Amerika, wie oft fälschlich angenommen, sondern in Japan gab es die ersten Studentenunruhen nach 1945. Bereits 1956 entstand dort eine Art SDS, der sich „Bundo" (nach dem deutschen Wort Bund) nannte und jegliche Autorität ablehnte. 1960, anläßlich eines Besuches des damaligen amerikanischen Präsidenten Eisenhower, lieferten einander Studenten und Staatsmacht blutige Schlachten; eine Studentin kam dabei ums Leben. Nach einer kurzen Phase der Beruhigung legte die japanische Studentenbewegung 1968 dann ganze Universitäten lahm.

Bruno Kreisky, den die österreichischen 68er offenbar wenig erschüttert haben, erwähnte als einziger der in diesem Buch interviewten Zeitzeugen die japanische Studentenbewegung: „Die meisten der führenden Leute in der japanischen Studentenbewegung sind dann die Mitträger der raschen technologischen Entwicklung in Japan geworden. Das heißt, sie sind brav geworden und haben halt ihre

---

[1] Klaus Mehnert: *Jugend im Zeitbruch. Woher–wohin?* Deutsche Verlagsanstalt, Stuttgart 1976.

ungeheuren geistigen Ressourcen für die Organisation der Betriebe verwendet“, analysiert der Kosmopolit.

Am 1. Oktober 1963 kam es dann an der Universität von Berkeley (Kalifornien) zu einem erbitterten Kampf, der die glosende Unruhe in der Jugend weltweit angeheizt hat. Die Auseinandersetzung entzündete sich an dem Rede- und Organisationsverbot für Studenten. „Nicht einmal ein Priester durfte am Campus sprechen“, erinnert sich der Kulturhistoriker Carl E. Schorske, der damals in Berkeley lehrte. Die Revolte gegen diese rigiden Vorschriften war für die Studenten jedoch nur der äußere Aufhänger, um ihrem lang angestauten Unmut Luft zu machen. „Im Hintergrund standen die Themen: Vietnam, Mitbestimmung und freie Sexualität“ (Schorske). Der Rektor kollabierte, die Studenten siegten: Dieser Sieg wirkte anfeuernd auf die unruhigen Gemüter an den anderen Hochschulen.

Zwei Monate später wurde eine der Leitfiguren der frühen sechziger Jahre ermordet: John F. Kennedy.

1965 begannen die USA mit ihren Luftangriffen auf Nordvietnam, womit die Demonstrationen der nächsten Jahre in Ost und West eines ihrer wichtigsten Themen bekamen.

1966 besetzten in Rom nach dem Tod eines Kommilitonen 1.500 Studenten die Universität und erzwangen den Rücktritt des Rektors. China war geprägt von der Kulturrevolution, die Mao-Bibel wurde in 26 Sprachen übersetzt und in 180 Ländern verteilt.

1967 kommt es in Griechenland zur Regierungskrise; Georgios Papadopoulos wird Ministerpräsident und verschärft die Militärdiktatur, die seit dem Staatsstreich nach Gutdünken schaltet und waltet. Israel schlägt im Sechs-Tage-Krieg die arabischen Nachbarn entscheidend; der kubanische Revolutionsführer „Che“ Guevara wird ermordet und zum Idol der revolutionären Jugend in aller Welt.

Das Jahr 1968 schließlich ist vollgepackt mit dramatischen Fakten: Die Sowjets marschieren in der Tschechoslowakei ein und zerschlagen den „Prager Frühling“; Robert Kennedy, aussichtsreicher demokratischer Präsidentschaftskandidat, und der farbige Bürgerrechtskämpfer Martin Luther King werden ermordet; im Vietnamkrieg fallen allein in diesem Jahr 14.500 US-Soldaten. In Mexiko-City kommt es unmittelbar vor den Olympischen Spielen zu studentischen Unruhen, in Warschau demonstrieren Studenten gegen die Unterdrückung geistiger Freiheit.

Die Apo

Während am Abend des 2. Juli 1967 in der Deutschen Oper von Westberlin der persische Schah der „Zauberflöte“ lauschte, wurde draußen auf einem Parkplatz der Germanistikstudent Benno Ohnesorg von einem Polizisten erschossen. Damit bekam der Protest, der sich bereits zwei, drei Jahre aufgebaut hatte, einen Namen: Es begann die turbulente Zeit der Außerparlamentarischen Opposition, der Apo. „Demonstrationen rollten wie schwere Blues über den Kudamm oder jagten wie ein hüpfender Rock zu den Angriffszielen“, schrieb die „Zeit“ zehn Jahre später über das, was dann kam. Es ging gegen den Vietnamkrieg, gegen Springer, gegen die Notstandsgesetze. Untergehakte Studenten skandierten „Ho-ho-ho-Tschi-Minh!“ und „Amis, raus aus Vietnam“. Es mußte etwas passieren, und zwar sofort. Man fieberte nach Aktion. Sprüche wie „Unter den Talaren der Muff von tausend Jahren“, „Schafft alles ab“ oder „Macht kaputt, was euch kaputtmacht!“ wurden an die Wände gepinselt.

Die herausragende Führergestalt der Bewegung, Rudi Dutschke, ist an den Folgen eines Attentats 1979 gestorben. „So abfällig die ehemaligen Genossen oft übereinander reden, einer bleibt immer ausgespart“, schrieb Dieter E. Zimmer 1977, als Dutschke also noch lebte, in der „Zeit“.

Tot sind auch der Frankfurter Theoretiker Hans-Jürgen Krahl (er verunglückte 1970 mit seinem R 4 tödlich) und der Berliner Verleger Bernward Vesper (er nahm sich 1971 das Leben).

Karriere in Staat oder Wirtschaft hat keiner der bundesdeutschen 68er gemacht, und so manchem wird heute noch die Rechnung für seine rebellische Vergangenheit präsentiert: So wurde erst kürzlich Bernd Rabehl, einem der klügsten Köpfe im Berliner SDS, der Vertrag an der FU Berlin nicht verlängert. Er lehrte dort seit 1974 Soziologie und ist jetzt arbeitslos.

Die Grünbewegung ist in der Bundesrepublik für viele 68er eine logische Weiterentwicklung: Daniel Cohn-Bendit ist in Frankfurt aktives Mitglied bei den Alternativen, und der einstige Apo-Mann Dieter Kunzelmann ist im Berliner Stadtsenat grüner Abgeordneter.

Es hat aber auch andere Konsequenzen gegeben: Einige versuchten ihren Traum von einer neuen Welt mit Terror zu verwirklichen, und andere wieder wurden zu sanften, in sich gekehrten Bhagwan-Anhängern.

Pariser Mai

Über keine Rebellion dieser Zeit gibt es soviel Literatur wie über die französische. Die Lawine von studentischen Unruhen begann in Nanterre und hatte ihre erste Ursache in dem Protest Cohn-Bendits gegen die Trennung der Geschlechter in den Studentenheimen. Der Funke sprang über auf die Sorbonne, die Universität von Paris. Die Arbeiter schlossen sich den Studenten an. In der „Nacht der Barrikaden" zogen rund dreiviertel Millionen Demonstranten durch die Straßen von Paris, die Gewerkschaften hatten den Generalstreik ausgerufen.

Die Parolen an den Wänden hießen damals: „Alle Macht der Phantasie!", „Zu verbieten ist verboten" oder „Vergeßt alles Gelernte, beginnt mit Träumen!" Am Höhepunkt der Revolte wurde das Odeon-Theater zu einer Art Parlament und Schaubühne der Studenten umfunktioniert. Sein Direktor, der große Mime Jean-Louis Barrault, beugte sich der Besetzung und wurde von der Regierung diszipliniert. Der Ruf nach de Gaulles Rücktritt wurde immer lauter. Dann wurden den Arbeitern aber höhere Löhne und kürzere Arbeitszeit zugestanden, die Spannung ließ nach, und Charles de Gaulle feierte Ende Juni einen überwältigenden Wahlsieg.

Verglichen mit Frankreich und der Bundesrepublik Deutschland wirkte Österreich 1968 tatsächlich wie eine verschlafene Insel der Seligen. Die Überschaubarkeit des Kleinstaates und die Strukturen der Parteien haben den Jungen immer wieder den Wind aus den Segeln genommen. Im Dezember 1968 war sich niemand in Österreich bewußt, daß das vergangene Jahr ein historisches war: Die Jahreszahl ist erst nachträglich ein Symbol für die Aufbruchsstimmung einer Generation geworden.

„Markenzeichen“ für studentischen Protest

Spätestens seit 1978, als man sich von den verschiedensten Standpunkten aus an das erinnerte, was vor zehn Jahren geschehen war, ist die Studentenbewegung in der BRD journalistisch, essayistisch und sogar wissenschaftlich aufgearbeitet worden. Da die Stimmung in den späten sechziger Jahren in Österreich nicht losgelöst von den Ereignissen in der Bundesrepublik gesehen werden kann, geben wir die Gespräche mit zwei Personen, deren Namen zu einem „Markenzeichen“ für Studentenprotest wurden, wieder: Ich besuchte Daniel Cohn-Bendit in Frankfurt und sprach mit Gretchen Dutschke-Klotz in Wien.

„Der Rote Dany“

Daniel Cohn-Bendit, der „rote Dany“, wie er genannt wurde, hat nicht nur dem bundesdeutschen Establishment einiges aufzulösen gegeben: Der freche Bursche, dem der Schalk noch immer aus den Augen blitzt, hat sogar den französischen Staatspräsidenten Charles de Gaulle ganz schön ins Schleudern gebracht.

„Die traditionellen Sozialdemokraten verstehen ja, was die Ökologie und bestimmte Entwicklungen, die damit verbunden sind, anlangt, eigentlich gar nichts. So wie in Österreich, mit dem Donaukraftwerk – es sind immer die gleichen Beispiele, überall.“ Der „rote Dany“ ist grün geworden, ein grüner „Realo“, wie in der Bundesrepublik die Realpolitiker der Bewegung genannt werden. Kein Frontenwechsel, sondern eine Weiterentwicklung: „Ich fühle mich ungebrochen als Linker – im Sinne von Liberté.“

Er ist überzeugt, daß es „eine libertäre Demokratie“ gibt; der Staat ist zum Schutz des Individuums da, es gilt individuelle Freiheiten zu erkämpfen und zu schützen: Aus dem anarchistischen Clown der Studentenbewegung ist ein Liberaler geworden. Ich treffe Dany, inzwischen 40, aber immer noch „der Dany“ und kein „Herr Cohn-Bendit“, in „seiner“ Redaktion: Er gibt gemeinsam mit elf anderen Leuten den „Pflasterstrand“ heraus, eine 14tägig erscheinende Frankfurter Stadtzeitschrift. Dort veröffentlichte zum Beispiel der grüne Bundestagsabgeordnete Joschka Fischer seine Aufsätze, die kürzlich erstmals in einem Sammelband erschienen sind. Ein Magazin, weit entfernt von irgendwelchen subversiven Absichten, vergleichbar mit dem „Falter“ in Österreich. Dany will seine Kollegen, die über Titelzeilen und Vorspänne fluchen, nicht stören. Wir ziehen uns in ein Kaffeehaus zurück.

Hofnarr in Frankreich

Es gäbe keine Hierarchie in der Redaktion, erzählt er mir dort, aber er sei nach dem Pressegesetz für den Inhalt verantwortlich. Außerdem lebe er nicht, wie die anderen Redaktionsmitglieder, vom „Pflasterstrand“. Hauptberuflich sozusagen arbeitet er für den französischen Rundfunk: „Ich bin in Frankreich noch mehr als hier eine wichtige Persönlichkeit des öffentlichen Lebens. Und so ein kleiner Mythos. Von diesem Mythos lebe ich, da krieg’ ich Jobs, da bietet man mir Sachen an, da bekomme ich Geld, um dann andere Sachen hier machen zu können. Ich führ’ ein Doppelleben.“

In Frankreich, da sei er so eine Art Hofnarr: „Während ich hier in Alternativmedien arbeite, habe ich in Frankreich die Möglichkeit, in offiziellen Medien zu arbeiten. Hier, in der Bundesrepublik, wäre das viel schwieriger, die haben viel zuviel Angst. In Frankreich bin ich so ein Kristallisationspunkt für viele Linke. Und auch das schlechte Gewissen für viele, die in der Regierung sitzen. Sie meinen, ich hätte so eine gewisse Identität beibehalten, zwar mache ich weiterhin Politik, aber nicht integrierte in dem gleichen traditionellen System wie die, die in der Sozialistischen Partei sind. Wenn Mitterrand Pressekonferenzen gibt, dann darf ich Kommentare machen.“

Manchmal kommentiert er auch Fußballspiele, weil ihm das Spaß macht. Zur Zeit arbeitet er an einer Fernsehserie, einem Dokumentaressay über die Sechziger-Generation in acht Ländern der Welt, mit dem Titel „Wie liebten sie die Revolution“.

„Ich kenne keinen Frust . . .“

Cohn-Bendit, der bunte Vogel unter den 68ern, der sich schnell die Haare färben ließ, um trotz Einreiseverbot über die französische Grenze zu kommen, hat weder die Ernsthaftigkeit eines Rudi Dutschke noch sind bei ihm jene Melancholie und

Frustration zu spüren, die heute die Gespräche mit den einstigen Rädelsführern in Österreich prägen. Er hat zwar für jede Frage eine geschliffen formulierte Antwort parat, dabei ist aber ein Blitzen und Flackern in den Augen, so als hielte er Knallbonbons in seiner Faust versteckt.

Auch dafür hat er eine Erklärung: „Ich kenne keinen Frust, weil ich in der Lage war, bestimmte Veränderungen auch selber zu machen und weil ich persönlich Erfolg hatte. Der Frust kommt, wenn man dann plötzlich in der Versenkung verschwindet oder das, was man wollte, nicht erreicht hat und dann irgendeinen Job macht." Außerdem sei der ihm eigene Optimismus durch den Mai 68 „unheimlich verstärkt" worden: „Wenn man einmal am Rad der Geschichte mitgedreht hat, und wenn's nur ein kleines Zahnrad ist, hat man das Gefühl, es geht immer wieder, und darum glaube ich auch, daß man geschichtliche Entwicklungen beeinflussen kann, daß man sie verändern kann, daß sie nicht determiniert sind."

Heute würde er natürlich vieles anders machen: „Wir haben die Stabilitätsfunktion des Parlamentarismus unterschätzt. Ich würde heute auch meine Kritik am Rechtsstaat anders formulieren. Ich würde ihn zwar wieder kritisieren, aber eher in Form einer Revision des neuen Rechtsstaates. Wir wären heute viel radikaler in der Formulierung individueller Freiheiten." Und auch den von Rudi Dutschke geprägten Satz vom „Marsch durch die Institutionen" möchte Cohn-Bendit heute anders verstanden wissen: „Es geht weniger um den Marsch durch die Institutionen als um die Herausforderung der Institutionen. Das heißt, durch die Integrierung von Bewegungen oder Parteien werden die Institutionen verändert. Wenn nämlich eine Gesellschaft auf Konsens aus ist, dann muß sie sich verändern, um diese Schichten zu integrieren. Das heißt, die Bündnisse werden anders gestaltet. Deshalb glaube ich nicht, daß man einen langen Marsch durch die Institutionen machen muß, sondern einen langen Marsch der Herausforderung.“ Der Marsch durch die Institutionen bedeute, daß „die Leute dann auch von den Institutionen gefressen werden.“

„In den Ansprüchen unbeweglich . . .“

Dany plädiert für eine Politik der kleinen Schritte: „Der Rhythmus der Bewegung, darüber läßt sich mit mir verhandeln, wenn ich vorher darüber verhandelt hab’, was die Ziele der Bewegung sind. Das ist neu, daß ich über den Rhythmus mit mir verhandeln lasse. Aber in den Ansprüchen, in den Zielvorstellungen, da bin ich noch immer unbeweglich.“

Der rotblonde Dany, mit seinem Gefühl für Farbe, Form und Ton, dem selbst der „Spiegel“ in den stürmischen Jahren noch eine „Prise Eleganz“ attestierte, lebt nach wie vor in einer Wohngemeinschaft mit acht Erwachsenen und drei Jugendlichen und ist unentschieden, ob er selber ein Kind haben will, „weil das Auswirkungen auf die Organisation des Lebens hat“. Um den Wunsch, mit Kindern beisammen zu sein, dennoch zu befriedigen, hat er einige Jahre als Kindergärtner gearbeitet: „Es war ein Bedürfnis, aber auch eine Form der Politik. Solche Jobs sind ja eigentlich Frauenarbeiten. Eine gesellschaftliche Veränderung bedeutet auch eine Rollenveränderung.“ Überhaupt habe sich das Verhältnis zwischen Mann und Frau „in unseren Kreisen“ seit 68 stark gewandelt: „68 hat die Autonomie des Individuums propagiert, also war es logisch, daß die Autonomie der Frauen dann von den Frauen selbst auf die Tagesordnung gestellt wurde.“ Im traditionellen Sinne hatte Dany mit den Frauen weniger Probleme als die meisten seiner Kommilitonen: „In dem Moment, wo man in der Öffentlichkeit steht, sind die Möglichkeiten des Anmachens größer, und zwar nicht, weil Frauen auf Autoritäten stehen, sondern weil man automatisch auf so jemanden hinguckt. Wenn Qualitäten da sind, dann werden sie im Licht der Öffentlichkeit auch gesehen, und andererseits gibt einem die Öffentlichkeit auch eine Selbstsicherheit, die Fähigkeit, mit seinen Qualitäten umzugehen. Außer den Schauspielern gibt es wenig Männer, die zugeben, daß ihnen die Öffentlichkeit Spaß macht.“

„Nichts sollte verboten werden . . .“

Dennoch: Unruhig und ständig auf der Suche ist er geblieben: „Ich hab’ kein Mutterland. Die Sprache meiner Mutter war Deutsch, meine erste Sprache war Französisch, aber immer durchsetzt mit deutschen Ausdrücken, solange meine Großmutter noch da war. Ich fühle mich als Bastard. Wenn jemand das Recht hätte, eine deutsch-französische Realität darzustellen, dann bin ich es.“ Dany wurde als Kind jüdischer Emigranten in Frankreich geboren: „Ich hatte nie eine richtige, sondern nur eine reflexive Identität. Das ist nicht mein alltägliches Problem, aber ich weiß, daß ich nicht ganz gefühllos demgegenüber bin.“

Ganz und gar undeutsch ist dann auch die Selbstironie, mit der Dany das Positive, das für ihn persönlich von 1968 geblieben ist, beschreibt: „Gesellschaftliche Anerkennung. Das ist auch ein innerer Wert. Wenn die Leute sagen, das ist ein gescheiter Mensch, das hör’ ich gern. Wenn man eingeladen wird zu Diskussionen, das ist auch ein Inhalt, das ist die Bestätigung einer bestimmten Haltung. Ich habe nur zwei Jahre Soziologie studiert, außer dem Abitur habe ich keinen gesellschaftlichen Paß, es geht trotzdem.“

Beim Zahlen noch schnell eine Vision, gleichsam um das Wesentliche zusammenzufassen: „Ich träume davon, daß 5.000 NDPler in Paris demonstrieren und ihnen zwei Millionen Menschen auf der Straße den Rücken zukehren. Nichts sollte verboten werden. Ich würde auch die ‚Bild-Zeitung‘ nicht verbieten. Das Problem ist nicht, daß es sie gibt, sondern daß sie gelesen wird.“

„Zu Hause hat Rudi nicht so ein Theater gemacht . . .“

Am Heiligen Abend 1979 ist die herausragende Führergestalt der deutschen Studentenbewegung, Rudi Dutschke, 39jährig an den Spätfolgen eines Attentats gestorben. Jene Österreicher, die den Kopf der Berliner SDS persönlich kennengelernt haben, schwärmen, ungeachtet welchem politischen Lager sie damals selbst angehörten, noch heute von seinem rigorosen moralischen Anspruch und seinem Charisma als Redner.

Bei einem „Veteranentreffen“ der 68er in Wien vor zwei Jahren sollte Dutschkes Witwe Gretchen zum erstenmal öffentlich zum Thema „Rudi“ sprechen. Während die anderen Podiumsredner (Ria Endres, Marina Fischer-Kowalski, Silvio Lehmann, Michael und Peter Schneider) die Studentenbewegung analysierten und reflektierten, schwieg das Gretchen jedoch. Für die schüchterne, fast ängstlich wirkende Frau ist der Rudi kein Thema, das sie abhandeln kann wie die einst Bewegten ihre Vergangenheit.

„Er war ein Redner, wie es außer Strauß und Wehner in Deutschland nach 1945 keinen mehr gegeben hat“, schreibt Rudolf Augstein in seinem Nachruf auf Rudi Dutschke. Der Studentenführer hat mit seiner exzellenten Rhetorik gekämpft und die Bürger verschreckt. Gretchen scheint politische Parolen, verbale Agitation nicht zu kennen, ihre Sätze sind leise, durchdacht, aber niemals professionell formuliert.

Rudi Dutschke, Synonym für Studentenprotest, außerparlamentarische Opposition, für „Revolution“ schlechthin, hat, wie die meisten erfolgreichen Männer, ein öffentliches und ein anderes, privates, Leben geführt: „Im Fernsehen war er ein anderer Mensch, zu Hause war er ganz lieb und hat nicht so ein Theater gemacht. Wenn er gekommen ist, war er meist so müde, daß er einmal ein paar Tage schlafen mußte. Dann haben wir diskutiert, er hat mit den Kindern gespielt und immer viel geschrieben.“

Gretchen Dutschke ist geborene Amerikanerin; die deutsche Sprache ist ihr nicht so selbstverständlich, als daß sie damit die Hilflosigkeit, die Beziehung zu einem geliebten Menschen beschreiben, kaschieren könnte. Das Soziologenvokabular, zu dem sich die „linken Männer“ der sechziger Jahre gerne flüchten, ist ihr fremd geblieben.

1967 ist Gretchen Dutschke zu einer Frauengruppe gegangen, weil es ihr im SDS nicht gefallen hat: „Die waren so frauenfeindlich. Rudi und ich haben versucht, zu teilen, aber der SDS fand das gar nicht wichtig. Dort herrschte die Einstellung, Frauen zu Hause sollten die Männer für die politische Arbeit freigeben."

1971 wurde Rudi Dutschke wegen angeblich „subversiver Tätigkeit" aus Großbritannien ausgewiesen, er nahm einen Lehrauftrag an der dänischen Universität Aarhus an. Gretchen lebt mit ihren drei Kindern nach wie vor dort. Hosea Che, der einst wegen seines Namens für Schlagzeilen in den Zeitungen sorgte, ist inzwischen 17, Polly Nicole 15 und Rudi Marek 5. Der Jüngste, vier Monate nach Rudis Tod Geborene, ist nach dem österreichischen – gemeinsam mit Ernst Fischer aus der KPÖ ausgeschlossenen – marxistischen Theoretiker Franz Marek (gestorben 1979) benannt.

„Ich selbst bin von zu Hause abgehaut . . ."

Gretchen Dutschke versucht ihre Kinder nicht zu indoktrinieren, bemüht sich aber, die Erziehung „im Sinne des Antiautoritären" fortzusetzen: „Ich selbst bin von zu Hause abgehaut, 10.000 Kilometer weit weg, ich hoffe, daß meine Kinder das nicht tun." Die immer wieder neu gefaßten Pläne – den einstigen Vorstellungen entsprechend –, in der Kommune zu leben, sind stets gescheitert, meist an der Anzahl der Kinder.

Beruflich ist Gretchen, 43, Magister der evangelischen Theologie, umgesattelt: Von der Theologie zur Ernährungswissenschaft. Keine zufällige Entwicklung: beide, Rudi und Gretchen, haben sich 1964 als tiefgläubige Protestanten kennengelernt. 1968 führte Dutschke die Demonstrationen als

Sprecher und Skandierer an – sein Satz vom „langen Marsch durch die Institutionen“ ist bereits ein geschichtliches Zitat –, bis ihn dann am 11. April 1968 die Kugel eines wirren Rechtsradikalen in Berlin auf offener Straße traf. Dutschke wurde vorsichtiger, aber er gab nicht auf: Der „rote“ Studentenführer engagierte sich bei den „Grünen“, 1976 trat er dieser politischen Gruppierung bei.

Sie sind ihren Weg gemeinsam gegangen, die beiden Dutschkes, wenn auch auf verschiedenen Ebenen. Gretchen würde sich in der Bundesrepublik auch den „Grünen“ anschließen; wesentlicher als dieses Wortbekenntnis aber ist ihre praktizierte Konsequenz: die Auseinandersetzung mit der Umweltproblematik hat sie veranlaßt, sich als Ernährungswissenschaftlerin auszubilden. Außerdem ist Gretchen Dutschke zur Zeit damit beschäftigt, einen Videoverlag aufzubauen – und sie spricht in dem Zusammenhang, leise zögernd, aber letztlich doch recht bestimmt, von der „Verbreitung politischer Ideen“.

Sanft, entschuldigend beendet sie das Gespräch, das ihr – da sie sich vor Fragen nicht schützt – sichtlich Energie kostet: „Ich muß jetzt meine Kinder rufen, schau'n, wie es ihnen geht, sie sind zum erstenmal allein.“ Zur Selbstdarstellung und Beweihräucherung ihres verstorbenen Mannes ist Gretchen Dutschke-Klotz unfähig.

Der Fall Borodajkewycz: Österreich-Vorspiel zu 1968

Bürgerkriegsähnliche Zustände wie in Paris hat es in Österreich 1968 nicht gegeben. Es ist ein Symboljahr mit einem spezifisch österreichischen Vorspiel: 1965 stürmten die Studenten in der Wiener Innenstadt aufeinander los. Die einen demonstrierten gegen einen Professor, der in seinen Vorlesungen den Nationalsozialismus verherrlicht und den Rassenwahn gerechtfertigt hatte, die anderen stellten sich auf die Seite des Hochschullehrers und demonstrierten gegen die Demonstration ihrer Kollegen. In dem Gekreische waren Rufe wie „Saujuden", „Kommunistenschweine" und „Hoch Auschwitz" zu hören; es ist zu wilden Prügelszenen und schließlich zum ersten und bisher einzigen Gewalttod in der innenpolitischen Auseinandersetzung der Zweiten Republik gekommen.

Nicht mehr als „eine Episode"

Im Vergleich zu den Ereignissen drei Jahre zuvor waren dann die Demonstrationen 1968 in Österreich eher gemütliche Spaziergänge. Die Gründe, die 1965 zu der starken Emotionalisierung unter den Studenten geführt haben, waren typisch österreichische: Der hierzulande so traditionsreiche Antisemitismus und die in jener Zeit noch völlig unaufgearbeitete, geschweige denn bewältigte Vergangenheit. Die Themen, derentwegen man in Wien 1968 auf die Straße ging, waren größtenteils importiert. Für den damaligen Unterrichtsminister Theodor Pfiffl-Perčević ist die 68er-Bewegung im Rückblick nicht mehr als „eine Episode", die in das Geschehen kaum eingegriffen hat: „Es war vielfach für mich der Eindruck, daß man sich in Österreich gesagt hat, irgend etwas müssen wir hier schließlich auch machen. Wenn in Amerika, in Paris und vor allem in Deutschland eine Woge hochquillt, dann müssen wir hier bei uns auch bewegt sein, aber es war bei uns nach meinem Gefühl kein echter Quellstrom."

In den frühen sechziger Jahren jedoch hat es an den österreichischen Universitäten reichlich „Quellstrom" für Unmut und Protest gegeben. Taras Borodajkewycz war kein Einzelfall: „Er hat sich mit seinen Äußerungen am unvorsichtigsten präsentiert, die anderen haben sich nicht gerührt und sind unbehelligt geblieben, waren wahrscheinlich aber wesentlich wirksamer", relativiert heute Verkehrsminister Ferdinand Lacina, 43, die Bedeutung jenes Mannes, dessentwegen sich die Studenten 1965 Straßenschlachten geliefert hatten. Zu seiner Studienzeit, meint Lacina weiter, habe an den Hochschulen ein wahres „Pogrom-Klima" geherrscht. Er erinnert sich, wie er einmal in einer Vorlesungspause ein Taschenbuch von einem jüdischen Autor gelesen habe: „Ein Student ist hergekommen und hat gesagt: ‚Gib das Büchl von dem Saujuden weg, sonst hau i dir ane obi!'"

Die starke Nazi-Provokation damals führte dazu, daß sich zum erstenmal seit 1947 eine gemeinsame

Front all jener gebildet hat,[1] die die österreichische Nation und damit die Existenz Österreichs verteidigten.

In Graz, jener Stadt, die Hitler einst zur „Stadt der Volkserhebung“ befördert hatte, kam das Faß zuerst zum Überlaufen: Als das Grazer „Deutsche Kulturwerk europäischen Geistes“ 1964 an die Schulen Einladungen verschickte, in denen es die Wiederaufführung des Blut- und Boden-Films „Paracelus“ ankündigte, drohte der Direktor der Lehrerbildungsanstalt, Franz Göbhart, dem rechtsextremen Verein mit der Klage. Die FPÖ verlangte daraufhin, den mutigen Direktor zu maßregeln. Göbharts eigene Partei, die ÖVP, hielt sich zurück. Erst als die Öffentlichkeit für Göbhart Stellung nahm, kam jene Diskussion in Gang, die letztlich doch bewußtseinsbildend im Sinne der Eigenständigkeit der österreichischen Nation wirkte. Es mag durchaus bezeichnend sein, daß die zeitweise recht hitzig geführten Debatten, ob der 26. Oktober zum Staats- oder zum Nationalfeiertag deklariert werden sollte, endlich zugunsten der „Nation“ entschieden wurden.

Prügelszenen

Die „Affäre Göbhart“ konnte zwar in Graz die neonazistische Propaganda für einige Zeit eindämmen, in Wien trieben die Unbelehrbaren jedoch weiterhin ihr Unwesen.

Taras Borodajkewycz, Professor für Sozialgeschichte an der Hochschule für Welthandel, wurde zur Symbolfigur für dieses reaktionäre Klima auf

[1] Vgl. Felix Kreissler: *Der Österreicher und seine Nation. Ein Lernprozeß mit Hindernissen.* Böhlau, Wien – Köln – Graz 1984, S. 447.

akademischem Boden. Lacina berichtete schon Anfang der sechziger Jahre bei den „Roten Jugendtagen“ in Kapfenberg von dessen antisemitischen Äußerungen während der Vorlesungen. Für Hannes Androsch, damals VSStÖ-Obmann, war dies von sekundärer Bedeutung; der Parteivorsitzende Bruno Pittermann und Heinz Fischer unterstützten Lacina. Dieser fertigte Vorlesungsmitschriften an, die dann dazu führten, daß Borodajkewycz – mit Bezügen – zwangspensioniert wurde – allerdings erst 1966, ein Jahr nach jener Demonstration, die der Skandal um ihn ausgelöst hatte und bei der die Studenten mit Eisenplatten aufeinander losgegangen waren.

„Es hat so ausgeschaut, als ob die Proleten aus den Betrieben jetzt die Macht in der Hochschülerschaft übernehmen würden“ und deshalb, so Lacina, seien auch so viele Studenten zu mobilisieren gewesen: „Es ist uns im Gegenatz zu den 68ern nicht gelungen, den Konflikt an der Hochschule so zu vermitteln, daß daraus kein Angriff von außen auf die Hochschule wird.“ Den Protest gegen faschistisches Gedankengut interpretierten die Rechten als Angriff auf die Lehr- und Lernfreiheit. Jene, die die Gegendemonstration mitorganisiert haben, halten bis heute an dieser Interpretation fest.

Verteidigungsminister Friedhelm Frischenschlager, 42, 1965 Generalsekretär des RFS: „Es war eine völlig überhitzte, am Fall Borodajkewycz sich entzündende Auseinandersetzung um die Stellung der Hochschule und um die Hochschulautonomie. Darum herum gab es natürlich eine Reihe von Nebenaspekten, die das Ganze sehr stark überfrachtet haben.“ „Hoch Auschwitz“-Rufe habe er, Frischenschlager, nicht gehört.

Helmut Krünes, 44, 1965 RFS-Vorsitzender und heute Vorstandsdirektor der Wienerberger Baustoffindustrie: „Es stimmt nicht, daß die Demonstrationen für Borodajkewycz vom RFS organisiert waren. Tausende Studenten haben damals geglaubt, die Freiheit von Forschung und Lehre sei gefährdet.“ – Zu jenen Demonstrationen, die in ihrer Heftigkeit vorwegnahmen, was sich in den folgenden Jahren in Paris und Berlin abspielen sollte, war es in der letzten Märzwoche 1965 gekommen.

Bereits bei der ersten, kleineren Demonstration am 29. März 1965 hatte es Prügelszenen gegeben. Bei der großen Demonstration am Mittwoch, dem 31. März, waren dann die Emotionen, vor allem unter den Borodajkewycz-Anhängern, überhaupt nicht mehr zu bändigen. Der von der Widerstandsbewegung organisierte Demonstrationszug wurde von Gegendemonstranten attackiert, die Ordnerkette wurde durchbrochen, es kam zu einem wüsten Handgemenge. Bei einer Schlägerei wurde der 67jährige Kommunist und ehemalige KZ-Häftling Ernst Kirchweger von dem polizeibekannten Neonazi Günter Kümel so schwer verletzt, daß er zwei Tage später starb. Um den von der Gewerkschaftlichen Einheit geplanten Generalstreik zu verhindern, wurde sein Tod erst nach Arbeitsschluß in den Fabriken bekanntgegeben. Das Begräbnis Kirchwegers (sein Sohn ist heute Generaldirektor der Chemie Linz) ging dann wie ein Staatsbegräbnis über die Bühne. Der sozialistische Vizekanzler Bruno Pittermann nahm daran ebenso teil wie der ÖVP-Handelsminister Fritz Bock.

Schlüsselerlebnis für die österreichische Innenpolitik

Die Ereignisse um Borodajkewycz sind in mehrfacher Hinsicht ein Schlüsselergebnis für die österreichische Innenpolitik. Vor allem die Kleine Koalition, die seit 1983 in Österreich regiert, ist schon aufgrund ihrer personellen Zusammensetzung dafür prädestiniert, immer wieder die Erinnerung an das wachzurufen, was vor zwanzig Jahren geschah: Norbert Steger, Friedhelm Frischenschlager und Holger Bauer marschierten 1965 bei dem Pro-Borodajkewycz-Demonstrationszug mit. Als die SPÖ nach der Reder-Affäre über den Weiterverbleib Frischenschlagers im Ministeramt entscheiden sollte, drohte Lacina mit seinem Rücktritt und beugte sich dann doch dem Klubzwang. Unproblematischer als für Lacina ist für Frischenschlager die Zusammenarbeit mit dem einstigen Gegner: Sie seien beide korrekte politische Partner, meint der Verteidigungsminister selbstbewußt, und außerdem wäre es traurig, wenn Leute nicht in der Lage wären, ehemalige gegensätzliche Positionen in der historischen Retrospektive richtig einzuschätzen. Neben Lacina bezog von den Sozialisten auch Heinz Fischer in der Causa Borodajkewycz eindeutig Stellung: Er hatte ihn in der „Arbeiter-Zeitung" und in der „Zukunft" einen Antisemiten und Antiösterreicher genannt. Der Hochschullehrer reichte deshalb die Ehrenbeleidigungsklage ein und gewann, vertreten von Tassilo Broesigke, dem heutigen Präsidenten des Rechnungshofes, in erster Instanz. Fischer gab später eine ausführliche Dokumentation über den Fall Borodajkewycz heraus.[1]

---

[1] Heinz Fischer: *Einer im Vordergrund: Taras Borodajkewycz.* Europa-Verlag, Wien 1966.

Ein Schlüsselerlebnis sind die Ereignisse von 1965 aber auch deshalb, weil damals zum erstenmal die starren Lagergrenzen sichtbar zu bröckeln begannen: SPÖ- und ÖVP-Angehörige verbündeten sich ungeachtet ihrer Parteizugehörigkeit, während ihre eigene Fraktion dem antifaschistischen Engagement verständnislos oder gar feindlich gegenüberstand: Lacina und seine Freunde durften ihre Flugblätter nicht mehr mit dem Impressum des VSStÖ versehen, sondern mußten sich als „Sozialistische Mittelschüler" deklarieren.

Einer der wichtigsten Zeugen im Verfahren gegen Borodajkewycz ist Mitglied der Wiener ÖVP-Landesparteileitung und Mitverfasser des Salzburger Grundsatzprogrammes der ÖVP: Alfred Stirnemann, 46, war 1964 Vorsitzender der Katholischen Hochschuljugend und später Generalsekretär der „Pax Romana". Er hat 1957 bis 1962 an der Hochschule für Welthandel studiert und sagte vor der Staatsanwaltschaft eindeutig gegen Borodajkewycz aus. Seine Darstellungen, die keinen Zweifel mehr daran ließen, daß Borodajkewycz seine Vorlesungen zur Verbreitung faschistischen Gedankengutes benutzte, brachten Stirnemann zahlreiche Drohungen ein. Heute ist er Direktor des Österreichischen Instituts für politische Bildung in Mattersburg.

Die katholischen und evangelischen Studentenorganisationen diskutierten nach den Demonstrationen in einem Vier-Tage-Seminar darüber, ob der Judenhaß Schuld der Christen sei.

Ebenso wie die KHJ unterstützte auch eine Gruppe im CV den Kampf gegen Borodajkewycz. Dieser war nämlich seinerzeit als CVer der NSDAP beigetreten, was im Cartellverband als Verrat geächtet wurde.

Jene, die offen gegen Borodajkewycz und damit gegen ein Anwachsen des Neofaschismus in Österreich auftraten, waren in beiden Großparteien eher in der Minderheit: Die Bundespräsidentschaftswahl stand unmittelbar bevor, und SPÖ und ÖVP buhlten um die Stimmen der Nationalen.

Piffl-Perčević verzögerte die Suspendierung des Hochschullehrers. Der Disziplinarsenat der Hochschule für Welthandel versetzte Borodajkewycz erst 1966 in den Ruhestand. Er sollte jedoch weiterhin ein stattliches Gehalt bekommen: Man reduzierte die Bezüge des zwangsweise pensionierten Professors nur um 1 Prozent. Diese von einigen ÖVP-Politikern forcierte wohlwollende Behandlung hat sich Borodajkewycz in den ersten Nachkriegsjahren „verdient“: Damals nämlich war er der ÖVP behilflich, politische Kontakte mit schwerbelasteten Nationalsozialisten herzustellen.

„Je unverständlicher, desto besser . . .“

Verkehrsminister Lacina, der seit September 1984 über ein „Imperium“ herrscht, in dem 250.000 Menschen arbeiten und ein Budget von rund hundert Milliarden Schilling verwaltet wird, nimmt sich für das Gespräch über seine studentenbewegte Vergangenheit viel Zeit. Die Tatsache, daß er seine Jugend nicht verdrängt oder vergessen hat, mag mit ein Grund dafür sein, daß der „Ferdl“, wie ihn seine Freunde nennen, für die „Linken“ immer noch sakrosankt ist, auch wenn er heute zu den Verwaltern des Systems gehört. Er verkörpere, wie er selbst glaubt, „halt so eher den traditionellen Roten“.

Mit 13 Jahren ist er „zufällig“ zum Verband Sozialistischer Mittelschüler gekommen; der Vater war ein tschechischer Schneidermeister, die Mutter Arbeiterin. Der VSM bestellte Lacina zum Kassier: „Das ist nicht die angenehmste Aufgabe. Wenn es irgend etwas gegeben hat, das der Partei nicht gepaßt hat, ist der Geldhahn abgedreht worden. Dann ist man als Kassier den Canossagang in die Löwelstraße angetreten."

Die Jugendarbeit in der Sozialistischen Partei sei damals etwas völlig anderes gewesen als heute: „Die Lebensverhältnisse waren ähnlich wie in den dreißiger Jahren, daher hat sich auch das, was wir gemacht haben, nur wenig von der Jugendkultur der zwanziger und dreißiger Jahre unterschieden. Wir waren in gewisser Weise eine Kopie dieser Jugendbewegung. Im Unterschied zur 68er-Bewegung war diese Bewegung solidarischer, sie hat weniger hinterfragt – Worte, die wir damals nie verwendet haben –, sie stand der Partei sehr kritisch gegenüber, hatte aber doch ein starke emotionale Bindung zur Sozialdemokratie."

Ihn, Lacina, prägen diese Ereignisse bis heute: „Man muß als Minister auf all das, was ein solches Amt mit sich bringt, von äußerer Anerkennung bis hin zum Einkommen, verzichten können. Das heißt, man darf weder materiell abhängig werden noch sich geistig korrumpieren lassen. Die Jugendbewegung damals hat eine asketische Linie gehabt, und das ist mir auch später im Bewußtsein geblieben: Man darf sich vom Lebensstil und von der Denkweise her nicht allzuweit von den Leuten entfernen, die man eigentlich vertreten will."

Jene Männer, denen in den letzten Jahren auch parteiintern immer wieder vorgeworfen wurde, daß sie eben nicht nach diesem sozialistischen Prinzip leben, wollten schon als VSStÖ-Funktionäre nichts von Puritanismus und Volksnähe wissen: Hannes Androsch, Beppo Mauhart und Rudolf Streicher repräsentierten den „rechten Flügel" innerhalb der sozialistischen Studentenfraktion, während Lacina zum „linken Flügel" gehörte, der damals noch in der Minderheit war.

Lacinas heutige politische Gegner zeigen sich von seiner Kompetenz und Sachlichkeit beeindruckt. Er bemühe sich immer, auch die andere Position zu verstehen, heißt es. Mit ein Grund für dieses Verhalten ist zweifellos der Schock, den die Borodajkewycz-Demonstrationen Lacina versetzt haben. Er stand unmittelbar daneben, als Ernst Kirchweger erschlagen wurde: „Es hat mich geschreckt, eine Demonstration mitorganisiert zu haben, bei der es den ersten und bisher einzigen Toten bei einer politischen Demonstration in Österreich gegeben hat. Seitdem weiß ich, daß man eine ungeheure Verantwortung trägt, daß die Emotionen ab einem bestimmten Punkt überhaupt nicht mehr beherrschbar sind." Daß ihm in diesem Zusammenhang ein Prozeß wegen falscher Zeugenaussage angehängt worden ist, erwähnt der Minister nur am Rande.

Das Jahr 1968 hat Lacina kaum mehr auf der Hochschule erlebt, und er hat mit der Bewegung auch nie sympathisiert: „Ich habe gemerkt, daß es da einen unglaublichen Hochmut in der linken Bewegung gegeben hat. Es ist schon möglich, daß es Verständigungsbarrieren geben kann, aber die meisten Dinge kann man auch anders sagen. '68 hat man darüber diskutiert, ob man sich überhaupt der Sprache der Arbeiter bedienen soll. Da hat man sich den Arbeiter gezimmert und in den Herrgottswinkel gestellt. Nach dem Motto: Das ist der Arbeiter, für den sind wir alle, aber unter uns, da bedienen wir uns der Vokabel der kritischen Theorie und Aufklärung. Das heißt, je unverständlicher, desto besser, und je brillanter formuliert, desto schöner. Meine Erfahrung mit den 68ern ist die, daß sie unheimlich desillusionierend auf die sozialistische Studentenbewegung gewirkt haben. Jeder hat irgendwann einmal die wahre Linie verraten, und das ist ihm noch Jahre später vorgehalten worden.“

„Das auf Wachstum gerichtete Denken . . . kann unsere Basis zerstören!“

Noch kritischer als den 68ern steht Lacina den Grünen und Alternativen gegenüber: „Ich habe das Gefühl, daß die Grünbewegung in die Nähe einer Mittelklassebewegung kommen kann, die ja zu dem Standpunkt kommt, so lange gewisse Dinge einer kleinen Schicht zustehen, ist das nicht schädlich, sobald das aber eine Massenerscheinung wird, ist es eine Katastrophe. Bis zu einem bestimmten Grad stimmt das ja, wer liegt schon gern auf einem Strand, wo zweitausend andere auch liegen, aber daraus die Schlußfolgerung zu ziehen: Ab jetzt wird rationiert, und zwar so rationiert, daß nur mehr die mit dem höchsten Einkommen etwas davon haben können, das ist nicht das Wahre. Diese Problematik wird meines Erachtens von der Grünbewegung noch überhaupt nicht gesehen. Ich gebe natürlich auch zu, daß das auf Wachstum gerichtete Denken ebenso unsere Basis zerstören kann.“

Lacina hält die Grünen für konfliktfähig, aber nicht für politikfähig; sie seien wichtig, um einen Anstoß zu geben, um Fragen zu stellen: „Wo es mich beginnt, aufzuregen, ist, wenn man nur mehr für den Waldlauf plädiert. Ich habe immer das Gefühl, es ist leichter, Tierschützer als Menschenschützer zu sein. Um die Robbenbabys kümmern sich wesentlich mehr Leute als um die Leute, die in Äthiopien verhungern."

Der Wirtschaftsfachmann sieht die Gefahr der nächsten Jahre in einer „konservativen Welle als Ausdruck der Unsicherheiten". Die Konservativen könnten, so Lacina, besser ihre Hilflosigkeit verbergen, indem sie sagen: „Alles soll so rennen, wie es ohnehin rennen würde." Dem müsse man etwas entgegensetzen.

Auf der Suche nach einer neuen Form der Politik

In der Causa Borodajkewycz ist der RFS das letzte Mal hörbar politisch aufgetreten. „Wir haben ein sehr puritanisches Hochschülerschaftsverständnis gehabt“, sagt Verteidigungsminister Friedhelm Frischenschlager: „Wir wollten Studentenpolitik machen für die Hochschule, für die Studenten und uns nicht um Vietnam oder den Schah von Persien kümmern.“ Deshalb, meint Frischenschlager selbstkritisch, sei der RFS mit der Zeit auch immer uninteressanter geworden: Ein derart enges Politikverständnis widersprach der gesamtgesellschaftlichen Aufbruchsstimmung in den späten sechziger Jahren. Der RFS rutschte immer weiter nach rechts ab. Einige, die sich ernsthaft um einen liberalen Kurs der Fraktion bemüht hatten, wie etwa der ideologisch profilierte Mediziner Jörg Schmiedbauer, zogen sich daraufhin gänzlich aus dem politischen Leben zurück.

„Bestimmte Probleme . . . sind nicht einer bestimmten Partei zuordenbar“

Der Grazer RFS-Vorsitzende Fritz Fliszar wiederum wandte sich der FDP zu und machte in Bonn Karriere: Heute ist er Geschäftsführer der Friedrich-Neumann-Stiftung, einer Art Parteiakademie der FDP, vorher war er stellvertretender FDP-Generalsekretär.

Karriere gemacht hat auch Helmut Krünes, der sich selbst als ein „Leitfossil des RFS" bezeichnet; immerhin war er zehn Jahre lang, von 1959 bis 1969, in der Hochschulpolitik tätig. Heute ist er, wie erwähnt, Vorstandsdirektor der „Wienerberger", einem Großbetrieb der Baustoffbranche mit 800 Mitarbeitern, der mehrheitlich im Besitz der Creditanstalt steht. Außerdem ist Krünes einer der fünf, 1984 neu nominierten Regierungsvertreter im ORF-Kuratorium. In jenem Jahr (September 1978 bis Dezember 1979), als der ehemalige Grazer Bürgermeister Alexander Götz versucht hat, die Bundes-FPÖ zu leiten, ohne tatsächlich in Wien präsent zu sein, fungierte Krünes als dessen Statthalter. Seinetwegen wurde die Position eines Generalsekretärs geschaffen, er legte das Amt jedoch zurück, als Norbert Steger, den er einst für den RFS geworben hatte, Bundesparteiobmann wurde. Auch das ihm angebotene Nationalratsmandat nahm er nicht mehr an. Seine Devise sei immer gewesen: „Verändere dort, wo du kannst. Wenn die Partei von mir etwas will, versuch' ich es im Rahmen meiner Möglichkeiten zu tun." Dem smarten Manager gefällt nicht alles, was in der FPÖ geschieht, aber: „Ich habe soviel politisches Denken in die Partei investiert, daß ich immer wieder versuche, auch mit denen zu reden, die anderer Meinung sind." Mehr möchte er dazu nicht sagen: „Spannungen in der Partei sollen schließlich nicht in der Öffentlichkeit ausgetragen werden." Ganz allgemein hält es Krünes für die „Tragik" der österreichischen Politik schlechthin, „daß nicht erkannt wird, daß bestimmte Probleme nicht einer bestimmten Partei zuordenbar sind und man oft zufällig in verschiedenen Parteien sitzt."

Er selbst sei eher zufällig, durch den Vater einer Freundin, zum RFS gekommen: „Während ich dann RFS-Vorsitzender war, wäre mein Bruder um ein Haar VSStÖ-Chef in Graz geworden." Krünes ist sichtlich um ein liberales Image bemüht: „Durch die Kämpfe um das Studienbeihilfengesetz habe ich Leute wie Peter Kreisky, Heinz Fischer und Rudolf Streicher schätzen gelernt. Ich bin froh, daß ich in kein Klischeebild passe und den einen zu weit links und den anderen zu weit rechts bin." Die Vergangenheit sei bewältigt, davon ist Krünes überzeugt, „sonst hätte es jemanden wie mich an der Spitze des RFS nie gegeben".

„Ich würde dir einen Schlafsack für die Au kaufen!"

Heute sei wieder eine Phase des Aufwachens: „Ich versuche, mir ein bißl Rebellentum zu bewahren, als Geschäftsführer dieses Unternehmens würde ich nichts machen, was ich nicht als politisch denkender Mensch unterschreiben könnte. Das gilt vor allem für Fragen des Umweltschutzes und der Sozialpolitik."

Vor zwanzig Jahren wäre er selbst in Hainburg gesessen: „Der Hainburgprotest war eine Möglichkeit, gegen die staatliche Allmacht zu agieren. Man hat nicht erkannt, daß in dem Protest noch ganz andere Motive als der Naturschutz mitschwingen. Es sind dieselben Dinge, die die Studenten Ende der sechziger Jahre, egal, welcher Coleur sie angehörten, bewegt haben: Man ist gegen das Establishment und gegen den Herrschaftsanspruch bestimmter Leute."

Nicht ohne Stolz wiederholt er einen Satz, den er zu Weihnachten seiner 13jährigen Tochter gesagt hat: „Kind", habe ich gesagt, „wenn du fünf Jahre älter wärest, würde ich dir einen Daunenschlafsack für die Au kaufen."

Mit diesem väterlich-wohlwollenden Spruch bringt Krünes einen der wesentlichen Unterschiede zwischen 1968 und 1984 zum Ausdruck: Damals haben die Eltern, geprägt von ihrer eigenen Kriegserfahrung, zu den Kindern gesagt: „Laß die Finger davon!" Heute unterstützen sie den Protest ihrer Sprößlinge gegen das Establishment – zu dem sie selbst gehören.

Friedhelm Frischenschlager, der als Minister so im Mittelpunkt steht, war, wie Parteifreund Krünes berichtet, im RFS zwar dabei, „aber kein entscheidender Mann" . . .

Brüchige Lagergrenzen

Zu dem Verhalten Frischenschlagers in der Sache Reder möchte sich der Ex-RFS-Vorsitzende Helmut Krünes vorerst nicht äußern. Dann deutet er aber doch an, daß es ihm unverständlich sei, wie seinem Freund Friedhelm so etwas hatte passieren können: „Die Empfindlichkeiten der Leute, die damals studentenpolitisch tätig waren, kennt man heute noch in- und auswendig. Sie können mich um vier in der Früh aus dem Schlaf wecken, und ich kenne die Empfindlichkeiten eines Lacina auswendig."

Für Erhard Busek ist die Auseinandersetzung mit den 68ern „eine qualitativ andere" als die mit den „üblichen Politikerkollegen" anderer Fraktionen:

„Es ist der Verzicht auf billige Polemik oder Demagogie. Der Grund dafür liegt wohl in der gemeinsamen Erfahrung des Es-sich-nicht-leicht-Machens, des Es-schwer-Habens mit den Parteien und mit den Institutionen, in denen man drinnen ist. Ich glaube, das schafft eine gewisse Verbindung bei Kenntnis der unterschiedlichen Positionen. Es ist nicht so, daß man sagen kann, wir sind gemeinsam Leidende, aber man akzeptiert die ernste Absicht des anderen und ist deshalb fair."

Die Gespräche, die ich mit den damaligen Studentenvertretern geführt habe, waren für die meisten auch willkommener Anlaß, sich nach den „anderen" zu erkundigen: Die Lagergrenzen sind brüchig geworden. Persönliche Kontakte und Freundschaften zu denen, die andere politische Ansichten vertreten, waren in den späten sechziger Jahren nicht mehr die Ausnahme, sondern die Regel.

Die Freude am Spielerischen, Satirischen verband die Studenten ungeachtet ihrer unterschiedlichen Fraktionszugehörigkeit. Ausgebootet wurde, wer beim Spaßmachen nicht mithalten konnte: Nicht selten haben die wortgewaltigen VSStÖ-Mandatare Silvio Lehmann, Peter Kowalski, Norbert Rozsenich und Josef Bućek gemeinsam mit den ÖSUlern Stephan Schulmeister, Wilhelm Dantine und Helmut Strobl von der Grazer „Aktion" den gesamten Zentralausschuß der ÖH lahmgelegt. RFS-Mandatar Friedhelm Frischenschlager, der damals (1966 bis 1969) von seinen politischen Gegnern besonders gern auf die Schaufel genommen wurde, galt im ZA als „Foarferl".[1]

[1] Foarferln: Mundartlicher Ausdruck für „dummes Zeug reden", kommt von dem mittelhochdeutschen Wort „varfele" = kleine Teigbrocken.

Die Spannungen und Sympathien von damals haben sich meist bis heute erhalten. Der Grazer ÖVP-Kulturstadtrat Helmut Strobl erzählt von seiner jahrelangen Freundschaft mit dem SPÖ-Wirtschaftsdenker Egon Matzner. Gerfried Sperl betont seine guten Beziehungen zu dem Wirtschaftssprecher der SPD, Wolfgang Roth, und Peter Kreisky erinnert sich an interessante Gespräche mit der Katholischen Hochschulgemeinde.

Günther Nenning mit seinem „Neuen Forum" war schon damals, in den sechziger Jahren, ein Zentrum für alle unruhigen Geister. Der Dialog wurde großgeschrieben, „Dialogkreise" zwischen Sozialisten, ÖVPlern und Katholiken wurden konstituiert; die Kirche, noch ganz auf Konzilslinie, und die SPÖ bauten ihre gegenseitigen Berührungsängste ab – eine Annäherung, die später Bruno Kreisky zugute gekommen ist.

Diese Gespräche zwischen den traditionellen Lagern legten aber auch den Grundstein für eine neue Form von Politik: Bewegungen außerhalb der Parteien. Für Günther Nenning ist die Politik heute eine Apparatgeschichte. Alles wirklich Wesentliche, wie die Friedens-, Frauen- oder Umweltbewegung, vollziehe sich seit der Studentenbewegung außerhalb der parlamentarischen Parteien, und manches sickere dann wieder in sie hinein, in homöopathischer Verdünnung sozusagen:

„Ein sozialistisches Parteiprogramm könnte man ja ohne die dünnen Aufgüsse der 68er gar nicht schreiben. Das gilt genauso für die ÖVP. Soweit die ÖVP grün ist, soweit sie demokratisch bewegter ist als die SPÖ, kommt das aus der 68er-Bewegung. Das ist ja personell nachzuweisen. Die beweglichen Leute in der ÖVP haben zumindest so viel zu tun mit der 68er-Bewegung wie die Ex-68er in der SPÖ.

Die wesentlichen Bewegungsformen des Geistes, der Politik und erst recht natürlich des Wohnens, Lebens sind aber alle nicht mehr daheim im Parteiengehäuse. Das war früher anders, da war Politik und Weltanschauung dasselbe. Jetzt ist Politik eine Berufsgeschichte. Millionen Wähler taumeln in die Wahlzelle und geben, was wunderbar und wichtig ist, einen Stimmzettel ab, aber das geht nicht bis an die Wurzeln des Lebens und der Politik. Und dann merken einige tausend Leute, wie sie etwas bewirken können. Die ökologische Bewegung verdankt personell und in ihren Bewegungsformen so manches der 68er-Bewegung, auch wenn sie inhaltlich zum Teil ganz anders ist" (Nenning).

Die Parteizugehörigkeit war Weihnachten '84 in der Hainburger Au unwesentlich: Die traditionellen Loyalitäten haben sich aufgelöst. Die Lagergrenzen waren bereits 1968 nicht mehr klar zu ziehen, heute sind sie gänzlich verwischt.

Wie die Alten sungen

Das Miteinander-Reden war natürlich keine Erfindung der 68er. Manche Politiker „wickelten" die Jungen mit der Gesprächsmethode regelrecht „ein" und verhinderten damit eine Radikalisierung der Jugendbewegung. Meister auf diesem Gebiet war zweifellos Bruno Kreisky:

„Ich erinnere mich, wie damals, am 1. Mai, der an sich sehr beliebte Bürgermeister Marek von unseren Jusos ausgepfiffen wurde, er konnte nicht reden. Mit diesem Ereignis bin ich, ich war seit 1967 Parteiobmann, konfrontiert worden. Man hat von mir eine Serie von Ausschlüssen verlangt, aber ich habe mich geweigert. Ich hab' mit den Leuten zu diskutieren begonnen, habe sie eingeladen, sogar im Parteivorstand ihre Ansichten zu vertreten. Sie hatten damals auch einen relativ großen Erfolg bei den Studentenwahlen. Die Gelegenheit hab' ich benutzt, um sie in den Parteivorstand zu rufen, damit sie dort zu ihrem Erfolg beglückwünscht werden und auch einmal hergezeigt werden. Der Parteivorstand sollte sehen, daß sie nicht solche Ungeheuer sind, für die sie viele der Etablierten gehalten haben. Ich hab' immer sehr lange mit ihnen diskutiert, zum Ärger meiner etablierten Freunde, die gemeint haben, ‚für die Buam hat er Zeit und für uns hat er ka Zeit. Für die hat er Zeit, für uns net', das war das geflügelte Wort damals. Was ja gar nicht wahr war, die sind ja eh immer dagewesen. Die haben eh immer meine Hauptzeit in Anspruch genommen. (. . .)

Ich habe eine neue Methode erfunden: Um Ausschlußverfahren zu verhindern und zur Vermeidung einer etwas strengen Politik habe ich die Beziehungen ganz oder teilweise stillgelegt. Außerdem habe ich das Problem selber im Haus gehabt, mein Sohn war ja auch ein 68er, und er hat damals noch hier gewohnt und seine Freunde mitgebracht. Ich hab' mit denen ja auch menschlich verkehrt. Ich hab' die Leute gern, das ist meine Grundeinstellung. Ich mag gewisse Leute nicht, aber im großen und ganzen hab' ich die Leute gern. (. . .)

Ich habe auch heute immer noch die Hoffnung – das ist ja auch der Grund für meinen Kontakt mit Gaddafi –, daß, wenn man mit diesen Leuten redet, wenn man sie nicht isoliert, man das Ärgste doch hie und da verhindern kann. Vielleicht erreiche ich, daß manchmal Leute nachdenken und sagen, ‚vielleicht hat der da oder dort recht‘. Ich glaub’ nicht, daß man einen Durchbruch erzielt, aber man sollte zumindest eine Gesprächsbasis haben. Bis zu dem Punkt, wo Dinge passieren, wo man halt nicht mehr reden kann. Wenn also bei einem Kongreß eine Rote-Armee-Fraktion aufmarschiert, dann würde ich sagen: ‚Meine Herrschaften, auf Wiedersehen‘, weil ich mich mit diesen Leuten unter gar keinen Umständen auseinandersetzen möchte.“

„Vollkommen eingelassen auf die Studenten“ hat, wie er selbst sagt, sich auch Theodor Piffl-Perčević:

„Es war Rektorsinauguration in Wien, und beim Verlassen des Festsaales in der Universität gab es eine Gruppe von Studenten, die herausfordernd gerufen hat: ‚Herr Minister, zur Diskussion, gleich hier, in der großen Halle!‘ Ich habe gesagt, ich bin zu jeder Diskussion bereit, die ordnungsgemäß vereinbart ist, und dann haben wir uns eben im Albert-Schweitzer-Haus vereinbart. Ich bin mit keiner bestimmten Absicht, mit keinem Programm in die Diskussion eingetreten, habe mich treiben lassen von den Fragen, die an mich gerichtet wurden, und zum Schluß habe ich Applaus gekriegt. Das war so ein richtiger Gegensatz zu dem, was an den Universitäten in Deutschland und Frankreich geschehen ist. (. . .)

Es gab keine Situationen, in denen mir unheimlich geworden ist. Manchmal war ich jedoch erstaunt bei Wortmeldungen, die mir der studentischen Situation nicht gemäß erschienen, manchmal habe ich mir von den Studenten mehr erwartet, als daß sie solche Fragen stellen und so argumentieren. Das Niveau mancher Anfrage und mancher Anpöbelung – das kam natürlich auch vor, das ist klar – war nicht immer ganz akademisch. Im allgemeinen waren die Diskussionen jedoch nicht schlecht, ich meine, was den Gegenstand anlangte, der aufgetischt wurde. Wenn ich meine Ministerzeit bedenke, gehört es eigentlich zu meinem schönsten und befriedigendsten Erfolg, daß es mir gelungen ist, ohne gesetzliche Notwendigkeit, ohne gesetzlichen Befehl verschiedene Kräfte zusammenzubringen. Von außen her gab es keinen Anstoß für meine Gesprächsbereitschaft, sondern eher Verwunderung von verschiedener Seite. Ich war ab 6 Uhr früh für die Professoren wie für die Studenten gesprächsbereit. Allein diese Äußerlichkeit war eine gute Basis für ein sachliches Gespräch. Es ist nie der Eindruck entstanden, ich ziehe mich zurück oder ich wolle nicht sprechen."

Kreisky wollte nie eine Vaterfigur sein, wie er selbst sagt, dennoch wurde er gerade in letzter Zeit immer wieder von besorgten und unzufriedenen Jugendlichen um Rat und Hilfe gebeten.

„Die Au-Besetzer kamen zu mir, das heißt, sie haben in der Früh angerufen und gesagt: ‚Machen Sie was, helfen Sie uns!' Ich habe gesagt, zwei Bundeskanzler kann es nicht geben, und außerdem, habe ich zu einem gesagt: ‚Sie haben ja die Mehrheit verhindert. Ich hab' ja gesagt, ich geh' weg, wenn wir keine Mehrheit haben. Warum machen Sie mir jetzt Vorwürfe?' ‚Ja', hat der gesagt, ‚ich hab' Sie ja '79 mit Begeisterung gewählt.' – ‚Aber sicher nicht mehr '83', habe ich ihm vorgehalten. ‚Ja, das stimmt', hat der gesagt. Deswegen bin ich nicht mehr da und auch nicht mehr verfügbar. So einfach sind eben die Zusammenhänge. Jetzt kann ich nichts mehr machen."

Ob er, wenn er heute noch Bundeskanzler wäre, die Unruhen um Hainburg hätte aufhalten können, weiß er nicht:

„Nur eines, ich habe halt erreicht, daß die sozialistische Bewegung eine Heimstätte für die jungen Leute geworden ist, die haben sich nicht ausgestoßen oder mißverstanden gefühlt, sondern zumindest das Gefühl gehabt, da gibt es Leute, mit denen wir reden können, die bemühen sich, uns zu verstehen.

Ich habe einmal gesagt, das wird so vor acht Jahren gewesen sein: ‚Manchmal komm' ich drauf, daß die jungen Leute nicht immer unrecht haben.' Ich komm' auch drauf, daß manches, wovon ich geglaubt habe, daß man es überwinden müsse, weil es so marxistische Eierschalen sind, oft doch mehr zutrifft, als ich noch vor einiger Zeit gedacht habe. Wenn man sieht, wer in der Welt wirklich Macht hat, hinter denen, die scheinen, die Macht zu haben, dann muß man natürlich zu solchen Erkenntnissen kommen. Also so von vornherein haben die Jungen nicht immer so unrecht. Das habe ich auch immer gesagt und praktiziert, sonst hätt' ich ja nicht die Zwentendorf-Abstimmung vorgeschlagen. Ich hab' ja selber vorher gesagt, daß ich nicht dafür bin, daß bei einer so komplizierten Frage alle mitbestimmen. Als ich dann aber gesehen habe, daß hier eine starke Rebellion im Entstehen begriffen war, habe ich der Partei zum Unmut vieler gesagt, man sollte sich zu einer Volksabstimmung entschließen."

„Der kritische Geist weht, wo er will . . .“

Sicher hat nicht nur der Generationenkonflikt die 68er-Bewegung ausgelöst; er ist kein Spezifikum dieser Zeit, es hat ihn immer schon gegeben. Dennoch spielte die Auseinandersetzung mit den Vätern (kaum einer der von mir interviewten 68er sprach von seiner Mutter) damals eine besondere Rolle. „Frischenschlager ist so alt wie ich. So wie mich der Stalin eingeholt hat, so hat ihn sein Vater eingeholt“, bringt Ex-Maoist Robert Schindel die Abhängigkeiten der Söhne von ihren Vätern auf einen Nenner. Schindel ist 1944 geboren, sein Vater, Kommunist und Jude, wurde von den Nationalsozialisten hingerichtet; Frischenschlagers Vater war NSDAP-Mitglied.

1968 verfaßte Kurt Wimmer in der „Kleinen Zeitung“ eine Artikelserie über „die unruhigen Söhne“. Gemeint waren die rebellischen Söhne bekannter Männer: Peter Kreisky, Wilhelm Dantine, Stephan Schulmeister, Wolfgang Pumpernig und Herbert Sebastian. Keiner von ihnen setzte sich grundsätzlich von seinem Vater ab, aber jeder wollte klarstellen, daß er woanders stand als der Papa: Nicht weit von ihm, aber doch ein bißl weiter links.

Inzwischen spielen einige dieser Väter im öffentlichen Leben immer noch eine Rolle, die Söhne sind alle über 40, ruhiger geworden und im Hintergrund geblieben.

„Die Schwierigkeit ist, daß man ein ausgeprägtes politisches Bewußtsein hat“

Ich vereinbare mit Wilhelm Dantine, 43, telefonisch einen Termin im Café Museum. „Ich bin leicht zu erkennen, weil ich meinem Vater immer mehr ähnlich sehe“, stellt sich Dantine vor und fügt noch hinzu, daß er gern ein solches Gespräch führe, weil jene, die damals in der ÖSU waren, eigentlich nie gefragt werden. „Dabei war die Zeit gerade für uns besonders entscheidend.“

Immerhin war Dantine 1968 Hochschülerschaftsvorsitzender, „der erste Nicht-CVer, Nicht-Katholik und Nicht-Jurist“, wie er mit einem gewissen Stolz bemerkt. Sein Vater stand damals bei den Konflikten auf Hochschulboden zumindest formal auf der anderen Seite: Wilhelm Dantine sen., inzwischen verstorben, lehrte als Ordinarius systematische Theologie AB an der Evangelisch-Theologischen Fakultät der Wiener Universität.

Vater und Sohn waren jedoch schon damals „fast in allem einer Meinung“.[1] Dantine hat sein Geographie-Studium nicht abgeschlossen und ist seit 1979 im Fessel-Institut tätig, zuständig für Auto, Verkehr und Tourismus.

Ähnlich wie bei Peter Kowalski und dem ehemaligen Grazer VSStÖ-Mann Peter Bachmeier ist es im Gespräch mit Dantine heute kaum vorstellbar, daß er einst zum Mikrofon gegriffen haben soll.

---

[1] Kleine Zeitung vom 16. Juni 1968.

Scharf analysiert er die derzeitige politische Situation, aber ohne Kampfansage; leise, resigniert und enttäuscht: „Ich habe nicht die Absicht, mich noch einmal zu engagieren, höchstens auf Sachfragen bezogen. Die Schwierigkeit ist, daß man ein ausgeprägtes politisches Bewußtsein hat.“

„Mit viel Sympathie und vielen Bedenken“ beobachtet Dantine die heutigen Gruppen: „Ihr politischer Background ist zu gering, die Einstellung gegen die politischen Institutionen macht mir Angst. Es drohen Entwicklungen, die Strukturen haben wie der Faschismus, wobei ich nicht meine, daß die Grünen Rechtsradikale sind. Man glaubt, es ist modern, wenn man alles niedermacht, was mit Politik zu tun hat.“ Er selbst war nie in Hainburg: „Vielleicht habe ich die Emotionalisierung gefürchtet, die dort entstehen könnte. Vielleicht bin ich auch eifersüchtig. Wir haben die Watschn ohne große Unterstützung der Medien bekommen, wir waren auch in den Medien die bösen Buben.“ Dennoch fühlt er sich mit dem 1984 amtierenden ÖH-Vorsitzenden Herbert Rainer solidarisch, „weil er aus der Entwicklung heraus logisch und richtig gehandelt hat“.

Dantine wurde im Frühsommer 1968 aus ähnlichen Gründen angegriffen wie Rainer, der wegen seiner Unterstützung der Au-Besetzer mit ÖH-Mitteln heftige Attacken hatte einstecken müssen. Damals, 1968, beschloß Dantine als ÖH-Vorsitzender, eine Schülerdemonstration zu unterstützen: „Es ging um die Freiheit der Schule, und aus der Erkenntnis heraus, daß eine Hochschulreform ohne Schulreform nichts bringt, war mir klar, daß ich daran teilnehmen werde.“ Diese Aktion beendete die (hochschul-)politische Laufbahn Dantines:

Noch im Juni 1968 wurde er als ÖH-Vorsitzender von Stephan Schulmeister abgelöst.

„Der damalige Rektor Schwind war zwar konservativ, aber wir haben ihn geschätzt. Piffl war erzkonservativ, aber ein Mensch, mit dem man sprechen konnte. Der Kanzler Klaus war ganz erstaunt, als ich ihm einmal gesagt habe, er soll mich nicht duzen“, erinnert sich Dantine an jene Männer, mit denen er als ÖH-Funktionär zu verhandeln hatte. Gegen die „Linken“ war er nach einer Veranstaltung mit Melina Mercouri allergisch: die Wiener Marxisten wollten der heutigen griechischen Kultusministerin damals nämlich klarmachen, daß sie eigentlich gar keine „Linke“ sei.

Heute ist Dantine SPÖ-Wähler, weil er über die ÖVP „nichts Positives sagen kann“, außer daß er sie 1966 gewählt habe. Er fügt ironisch hinzu: „Wenn man den Haufen aus der Nähe kennt, reicht's einem, außer Busek hat keiner ein Format.“ Politik und Kirche ortet der Marktforscher, der sich selbst als „teilnehmender Beobachter, aber nicht aktiver Teilnehmer“ definiert, in einer restaurativen Phase. Hätte er heute in der Hochschülerschaft das Sagen, würde er versuchen, „die neuen Bewegungen mit sehr viel Politikbewußtsein zu untermauern“.

Dantine scheint erleichtert darüber, daß er seine Weltsicht mitteilen konnte, fürchtet dann aber doch, mit seinem langen, traurigen Monolog einen falschen Eindruck erweckt zu haben. „Ich schimpfe nicht über Politik, sondern über die mangelnden Alternativen“, betont er noch, und: „Bei einem Friedensmarsch mitzugehen, ist mir selbstverständlich.“

„Der richtet wieder irgendwo ein Blutbad an . . .“

Konfliktreicher als im Hause Dantine dürfte sich die Vater-Sohn-Beziehung im Hause Schulmeister zeitweise gestaltet haben. „Mit meinem Vater[1] verstehe ich mich wieder gut. Das Bedürfnis, Leute zu überzeugen, nimmt bei mir enorm ab“, sagt Stephan Schulmeister, 38, heute, der ebenso wie Dantine an der starken Ähnlichkeit mit seinem Vater sofort zu erkennen ist.

Damals, 1968, schilderte Kurt Wimmer in seiner Serie über die unruhigen Söhne eine bezeichnende Episode: „Eines Nachts, es wird wohl nach einer Diskussion gewesen sein, kehrte Chefredakteur Otto Schulmeister in seine Behausung zurück, spähte mit TV-trainiertem Tigerblick die dunkle Hausfront entlang und verkündete: ‚Mein Sohn, der Revolutionär, ist natürlich noch immer nicht daheim.‘ Und mit grimmigem Vaterstolz fügte er hinzu: ‚Der richtet wieder irgendwo ein Blutbad an.‘ “[2]

Es dauert lange, bis ich Schulmeister jun. zu einem Interview überreden kann. Nicht, weil ihm seine Vergangenheit unangenehm wäre, er brauche zu einem Gespräch darüber nur sehr viel Zeit, erklärt er mir.

Die nimmt er sich dann auch, das Warten hat sich gelohnt. Mit erfrischender Offenheit erzählt Schulmeister einen ganzen Nachmittag lang, was ihm gerade so einfällt zu damals und jetzt. „Der Spuk dauerte ein dreiviertel Jahr, und der Erfolg kam viel zu rasch; man hat nur einmal anklopfen brauchen, und

---

[1] Otto Schulmeister ist Herausgeber der „Presse“.
[2] Kleine Zeitung vom 5. Juni 1968.

schon war alles offen, Konflikte konnten kaum entstehen. Als Studentenvertreter brauchte ich nur ein paar Tage, um einen Termin bei dem Minister zu bekommen, das alles hatte etwas Komödiantenhaftes, Showhaftes an sich. In der Hochschulreformkommission hat man die österreichisch-josefinische Form der Reform geübt. Es gab skurrile Scheingefechte, tausende Seiten wurden sinnlos produziert, es war kafkaesk. Das Sitzungsgeld von 1.000 Schilling pro Tag war für uns natürlich auch wichtig, und als es dann gestrichen wurde, haben die Professoren aufgeheult und wollten gemeinsam mit den Studenten in den Streik gehen.“

Schulmeister ist einer der wenigen 68er, die ohne Pathos, dafür aber mit viel Humor von ihren studentischen Aktivitäten erzählen. Auch seine Trennung vom CV (Schulmeister ist aus der Kirche ausgetreten und damit automatisch aus dem CV ausgeschieden) ist für ihn heute weder mit Wut noch mit Bitterkeit besetzt. „Ich war vom Bund Neuland beeinflußt und bin mit einer Anti-CV-Haltung auf die Uni gekommen. Werner Vogt (Verbindungsname: „Trüb“) hat gesagt, ‚bei der ‚Austria‘ ist alles anders‘, und so bin ich zum CV gekommen. Es war eine Art Doppelexistenz und die Lust am Widerspruch. Ich bin eine Art Wurmfortsatz der CV-Familie gewesen, weil meine Liebe zu den anderen und daher auch meine spätere Enttäuschung über sie nicht so stark waren.“

Er sei zwar politisiert, aber völlig desinteressiert an Kunst gewesen; Politik und Kultur habe er völlig getrennt gesehen. Ein aufgestautes Konfliktpotential habe es eigentlich nicht gegeben: „Es war viel importiertes, rasch nachgelesenes Politikbewußtsein. Ich war damals in hohem Ausmaß verstört und habe gedacht: Vieles, was die Linken kritisieren, kann so falsch nicht sein.“

Der „große Wendepunkt“ war für Schulmeister dann eine Begegnung mit Rudi Dutschke: „Mein Antikommunismus wurde von Kindheit an gespeist, und ich bin im Jänner ’68 mit einem plastischen Bild von Dutschke im Kopf zum Vietnam-Kongreß nach Berlin gefahren. Dann habe ich aber erlebt, wie dieser Mann mit ganz anderen Stilmitteln agiert hat, als ich es mir vorgestellt hatte: Er war sehr freundlich, ein unwahrscheinlich angenehmer Mensch mit einem riesigen Wissen.“

Er sei dann aber nicht von einem Dogmatismus in den anderen gekippt, sondern wollte es ganz genau wissen: „Ich habe drei Jahre lang über den Vietnamkrieg nachgelesen und habe mich bei den Flächenbombardements 1972 emotional wahnsinnig engagiert. ‚Die Wahrheit ist konkret‘, das war für mich ein sehr wichtiger Spruch, auch wenn er von Lenin stammt.“

Heute lebt Stephan Schulmeister, der sich inzwischen als fortschrittlicher Wirtschaftsforscher einen Namen gemacht hat, in einer komfortablen Wohngemeinschaft: „‚Probieren‘, das ist für mich eine Kategorie, die total wichtig ist, ob es nun um Wohnformen oder Beziehungsformen geht.“ Angesprochen auf die heutige Politik, sagt er einen Satz, der ebenso von seinem Vater stammen könnte: „Wir sollten die Politiker zu mehr Phantasie zwingen.“

Am Beginn der Auseinandersetzung um Hainburg habe er sich damit nicht sehr beschäftigt. Bei der Ringstraßendemonstration am 17. Dezember 1984 sei er dann aber doch „wegen der Art der Vorgangsweise“ mitmarschiert. Für ihn ist Zwentendorf das größere Problem, „weil dort der kleinste Fehler reicht, und die Folgen sind unabsehbar“. Als Wirtschaftsforscher habe er großes Mißtrauen gegenüber der Energiepolitik: „Ich habe aber keine Zeit, das durchzudenken“, sagt Schulmeister, inzwischen vorsichtig geworden.

Synthese von Altbewährtem und nie Dagewesenem

Persönlich habe sich der Peter ihm gegenüber immer loyal verhalten, sagt Bruno Kreisky heute über seinen Sohn: „Er ist ja nicht nur sehr gescheit, er ist auch ein sehr anständiger Kerl. Auch wenn er politisch meist andere Ansichten vertreten hat als ich, so war er menschlich immer loyal. Manchmal war ich mit ihm wahrscheinlich ungeduldiger als er mit mir. Er hat es ja schwerer gehabt als ich. Der ist stigmatisiert mit dem Namen. Der muß wahrscheinlich froh sein, daß er in der Arbeiterkammer überhaupt noch ist. Aber ich hab' nichts dazu getan, daß er dorthin gekommen ist, er ist Ökonom, Jurist. Ich habe auch nichts getan, daß er dort gehalten wird. Ich habe nie für meine Familie meine politische Position ausgenützt. Meine Tochter ist eine einfache kleine Kindergärtnerin, auch heute noch, und plagt sich sehr, und mein Sohn ist ein relativ schlecht bezahlter Angestellter in der wissenschaftlichen Abteilung der Arbeiterkammer. Er ist wahrscheinlich der einzige 68er, der nichts geworden ist.“

Peter Kreisky, 41, ist ein zurückhaltender, fast schüchterner Mensch, der sich jeden Satz genau überlegt und vorsichtig beobachtet, ob ihn sein Gegenüber auch richtig versteht.

Dank seines Namens darf er immer ein wenig

mehr sagen als seine Genossen – aber eben nur ein wenig. Vor vier Jahren erst, als er vehement gegen die Verbauung der Steinhofgründe auftrat und die „osteuropäischen Sitten im Wiener Rathaus“ anprangerte, ging er wieder einmal knapp am Parteiausschluß vorbei.

„Es kommt nicht sosehr darauf an, unter welchem Etikett man sich politisch engagiert, sondern was man macht.“ Das ist eine der Lehren, die Kreisky jun. aus dem 68er-Jahr gezogen hat. Er war von 1966 bis 1968 Wiener Obmann des VSStÖ und bedauert, daß seinen politischen Freunden von damals heute „zu Unrecht ein unkritisches Verhältnis zum Kommunismus in Osteuropa unterstellt wird“. Die 68er-Bewegung sei ein „höchst fälliges demokratisches Nachziehverfahren“ gewesen; vorher, so Kreisky, „haben mittelalterliche Zustände im schlechten Sinne geherrscht“. Ein Beweis seien die Professoren, die in den fünfziger und frühen sechziger Jahren an die österreichischen Hochschulen berufen wurden: „Im Zweifelsfalle wurde jeder Nazi genommen, um nur ja niemanden zum Zuge kommen zu lassen, der kritisch denkt.“ Dazu sei die Situation in den Medien gekommen, wo niemand hinter den eigenen Schrebergarten geschaut habe und Meinung und Information wild vermischt wurden.

In Berlin habe er dann zum erstenmal eine „lebende Uni“ gesehen, in Wien sei ihm dann alles erst recht entsetzlich steif, grau und depressiv vorgekommen.

Wie auf Schulmeister jun. hat auch auf Kreisky jun. Dutschke einen prägenden Eindruck hinterlassen: „Seine Radikalität und gleichzeitig seine Sanftheit.“

Heute glaubt er an die „Veränderbarkeit jedes Menschen“: Eine grundsätzliche Toleranz und Dialogbereitschaft, das sei ihm immer wichtiger geworden. Nur bei den Namen Androsch und Mauhart fallen harte Worte: „Die haben hemmungslose, opportunistische Tendenzen in die Politik hineingebracht.“

Peter Kreisky sucht noch immer nach einer Synthese zwischen – wie er es nennt – „Altbewährtem und nie Dagewesenem“. Er ist ruhig geworden, aber er hat nicht resigniert.

Eine grundsätzliche Toleranz und Dialogbereitschaft seien für ihn wichtig: „Ich habe die Erfahrung gemacht, daß man dem ‚Schachtldenken‘ gegenüber kritisch sein muß. Der kritische Geist weht, wo er will.“ Ob ich den Direktor Franz Göbhart kenne, möchte er wissen. Dieser unkonventionelle Grazer Pädagoge habe ihn einmal sehr beeindruckt; überhaupt habe er zu manchen Personen in der ÖVP recht guten Kontakt. Wolfgang Schüssel, Generalsekretär des Wirtschaftsbundes, fällt ihm dazu ein: „Es ist nicht so, daß deshalb, weil einer dort steht, man mit dem nicht mehr reden kann.“

Die Erfahrung, daß man wechselseitig lernen könne – die sei für ihn vor allem von den sechziger Jahren geblieben. Ein Anruf unterbricht unser Gespräch. Peter Kreisky wirkt plötzlich verlegen. Dieser Mann hat keine Mauern, hinter denen er sich verstecken könnte. Er drischt keine Phrasen, er meint, was er sagt. Und er wird (deshalb?) auch weiterhin keine Karriere machen, sondern immer bei irgendwelchen Demonstrationen, so wie bei der Hainburg-Demo vor Weihnachten in Wien, mitmarschieren.

„Um die Großparteien kommt man nicht herum . . .“

Wenn Silvio Lehmann von den „fidelen Burschen mit den roten Nasen“ spricht, meint er damit nicht nur die Burschenschafter: Für die „Linken“ im VSStÖ waren die „Rechten“ innerhalb der eigenen Fraktion die stärksten und unangenehmsten politischen Gegner.

Die VSStÖ-Führung galt seit 1957 als „rechts“. Das Hauptinteresse der Funktionäre (Hannes Androsch, dessen späterer „Consultatio“-Partner Franz Bauer sowie der einstige Androsch-PR-Mann und heutige Vizegeneraldirektor der Austria Tabakwerke, Beppo Mauhart) galt der Vergabe von Stipendien und Heimplätzen.

„Für ihre tägliche Arbeit an der Hochschule publizierte die rechte VSStÖ-Führung eine Art Boulevardblatt, ‚gaudeamus‘, mit Bikinimädchen auf der Titelseite. In Wahlkämpfen stellte sie Forderungen auf wie: ‚Reorganisation der Hochschülerschaft‘, ‚Ausschöpfung der rechtlichen Möglichkeiten und Beseitigung des parteipolitischen Einflusses in den Hochschülerschaftsreferaten‘“, beschreibt Fritz Keller in seinem (inzwischen vergriffenen) Buch „Wien, Mai 68 – Eine heiße Viertelstunde“ die Aktivitäten des VSStÖ in den frühen sechziger Jahren.

Keine Buchhaltungsunterlagen . . .

Freundschaften und Feindschaften, die bis heute in die hohe Politik hineinwirken, haben ihre Wurzeln in den damaligen erbitterten innerfraktionellen Auseinandersetzungen. „Also ich möchte nicht sagen, daß das ein sehr enges persönliches Verhältnis ist, das wir seit damals haben“, sagt Verkehrsminister Ferdinand Lacina heute vorsichtig, wenn er auf Hannes Androsch angesprochen wird. Lacina kandidierte in der Fachschaft Welthandel einmal gegen den späteren AKH-Häftling Siegfried Wilfling – und unterlag.

Die Rechten hatten ihre Bastionen an der Technischen Hochschule, bei den Welthandelsstudenten und den Medizinern; die Linken stellten in der Fachgruppe Philosophie und Juristen die Mehrheit. Norbert Leser bemühte sich vergeblich, den Rechten ein ideologisches Gerüst zu geben, und die Linken gruppierten sich um den heute 70jährigen Austromarxisten Josef Hindels. Jahrelang war der VSStÖ durch diesen Fraktionsstreit lahmgelegt.

Dank einer gezielten „erotischen Unterwanderung“ der Studentinnenheime, die sogar zu einigen Ehen führte, erreichten dann, 1966, doch die Linken die Mehrheit im Verband. Finanzielle Ungereimtheiten der vergangenen Jahre konnten jedoch nicht mehr aufgeklärt werden: Die Androsch-Bauer-Gruppe hinterließ keine Buchhaltungsunterlagen . . .

„Fast ein Genie“

Der VSStÖ hatte damals etwa 500 Mitglieder, die neuen Funktionäre hießen Erich Schmidt, Günther Rehak (heute Beamter im Bundeskanzleramt) und

Günther Blecha, der Bruder Karl Blechas. Das eigentliche Sagen hatten aber sehr bald die beiden exzellenten Redner Silvio Lehmann und Peter Kowalski. Sie kamen, wie die meisten linken VSStÖler, aus einem kleinbürgerlichen Elternhaus und waren bereits im VSM organisiert. Dieser Hintergrund muß erwähnt werden, weil er für die internationale Studentenbewegung völlig atypisch ist: Die Rädelsführer 1968 in der Bundesrepublik beispielsweise kamen fast alle aus dem liberalen Bürgertum, vor allem aus Pastorenhäusern. Dieses liberale Bürgertum wurde in Wien einst vor allem von Juden vertreten, die es bekanntlich in Österreich seit 1938 kaum mehr gibt.

Silvio Lehmann, 40, für Anton Pelinka „fast ein Genie“, lebt heute zurückgezogen und verdient sich seinen Lebensunterhalt mit diversen sozialwissenschaftlichen Projekten des Wissenschaftsministeriums. Unser Gespräch wird zu einem Monolog, den ich nur ungern unterbreche: keine Larmoyanz, sondern ein Feuerwerk von geistvollen Formulierungen, die alle nur so gespickt sind mit präzisen Daten und Fakten. Er habe fast jedem Menschen, der in der Republik etwas bedeutet, eine Frechheit gesagt, meint Lehmann rückblickend, und man glaubt es ihm.

Der still gewordene „Revoluzzer“ spricht – am Kaffeehaustisch – von der „Hinterkammerpolitik“ des Kabinettchefs im Bundeskanzleramt, Hans Pusch, und vom Autoritätsverlust, den Sinowatz erlitten habe, seit man weiß, daß dieser „einmal von der Gewerkschaft und dann vom Pusch gepuscht werde“.

Für diesen Meister der Rhetorik, der mit seinen Assoziationen und Formulierungen der barocken österreichischen Tradition alle Ehre macht, ist in der SPÖ, wie sie sich heute darstellt, kein Platz in den vorderen Reihen. „Damals war das VSStÖ-Lokal im Haus der Städtischen Bestattung untergebracht, die eine Zeitlang Drimmel[1] geleitet hat", bemerkt er nebenbei, so als wäre diese Heimstätte ein Symbol gewesen: „Heute ist die SPÖ eine verkalkte, in den Spitzen versteinerte Arbeiterbewegung."

Lehmann ist ein genauer Beobachter der politischen Szene geblieben, und es „degoutiert" ihn schon sehr, was in der Partei so alles geschieht.

Natürlich hat er gegen das Parteiverfahren gegen Freda Meissner-Blau und Günther Nenning unterschrieben, und auch bei der Demonstration gegen Hainburg war er dabei, aber zur Zeit sieht er „keine politischen Aktivitäten, an denen man so hektisch teilnehmen könnte wie 1968". An seinen Ansprüchen und Zielen habe sich jedoch nichts verändert. Damals habe er noch die Illusion „vom Marsch durch die Institutionen" gehabt, aber heute müsse man – gemessen an der Programmatik – sehr pessimistisch sein. Diejenigen, die den Marsch durch die Institutionen gemacht haben, hätten das auch ohne diesen Spruch getan. Manche Leute seien halt nicht bereit, so viele Kompromisse einzugehen: „Einen linken Flügel in der Partei gibt es nicht, die Gruppierung, die es gegeben hat, lebte von der Duldung des Kreisky."

Vor zwei, drei Jahren, da wäre Lehmann schon noch bereit gewesen, im Umfeld von Sinowatz mitzuarbeiten. Jetzt, nach der Koalitionsregierung und dem „kleinen Putsch im September '84" (gemeint ist

[1] Heinrich Drimmel war Unterrichtsminister von 1956 bis 1964.

damit vor allem die Absetzung von Erwin Lanc als Außenminister), sei dafür jedoch der Enttäuschungseffekt zu groß.

In der „früh verkalkten Altersweisheit“, die er sich selbst attestiert, steht er auch den „Grünen“ skeptisch gegenüber. Schließlich, wenn sie bei der nächsten Wahl auch 20 Prozent erreichen – das Ergebnis wäre ja doch nur eine Große Koalition. Das grüne Interesse außerhalb der etablierten Parteien sei zwar „angesagt“, aber um die Großparteien käme man eben doch nicht herum. Er selbst warte jetzt einmal „opportunistisch“ ab, wie das mit den Grünen werde: Die Naivität, mit der bei den Alternativen über Basisdemokratie und Rotation diskutiert wird, mache jemanden, der „gewisse Erfahrungen“ habe, doch Schwierigkeiten.

Außerdem teile er die Meinung von Caritaspräsident Leopold Ungar, daß nämlich Hainburg ein drittrangiges Problem sei, wenn zur selben Zeit der Hunger in Afrika tobe: „Es ist schon erschütternd, wenn wegen ein paar Kröten 30.000 bis 40.000 Leute auf dem Heldenplatz sind. Eine internationale Solidarisierung ist viel schwieriger.“ – Ein Satz, der den einstigen 68er und heutigen Grün-Guru Nenning in Rage versetzt:

„Statt daß die Depperten nachdenken, was ist denn falsch an Nikaragua, was ist falsch an den bisherigen sozialistischen Revolutionen. Wie ist es denn überhaupt möglich, daß eine so wunderbare Idee in 120 Jahren nicht zum Sieg gelangt ist? Statt dessen schauen sie nur finster. Und glauben mit Sicherheit, daß das mit Kröten und Hirschen nichts zu tun hat. Da irren sie sich. Es hat damit zu tun. Der Linke glaubt immer, eigentlich ist das Volk deppert, und wenn es auf ihn hören würde, dann müßte es für Nikaragua auf den Heldenplatz gehen. Auf die Idee, am Herzen des Volkes zu lauschen, zu sagen, vielleicht sind nicht die deppert, sondern wir, sonst hätten wir ja schon gewonnen in den 120 Jahren, kommt ein Linker nie. Das ist das uralt liberal Aufklärerische. Schon Josef II. wollte allein sein Volk erziehen, die Linken wollen es als Berufsrevolutionäre und als Berufsintellektuelle, und beides ist gleich falsch. So wie sie die Kröten nicht achten, so achten sie auch das Volk nicht."

Nun, Lehmann hofft, wenn auch passiv abwartend, so doch auf die Grünen, aber: „Um die Großparteien kommt man nicht herum."

„Erfrischend" sind für den einstigen Vorzeigeredner des VSStÖ die Meldungen, die in letzter Zeit von Erhard Busek gekommen sind. Er schätzt dessen Publikationen – ob sie auch zu Taten führen, daran zweifelt der Beobachter, an dem die Partei zumindest einen brillanten Journalisten verloren hat.

„Ich bin ein Gefühlssozialist"

Dieselben Töne wie bei Lehmann klingen auch bei Peter Kowalski, 40, an, wenn auch leiser, zweifelnder. Er ist ebenso wie sein Kompagnon aus der Studentenzeit ein aufmerksamer Beobachter der politischen Szene und ortet seinen politischen Standpunkt heute im rot-grünen Eck der Partei. Er distanziert sich „im wesentlichen" nicht von seinen Aktivitäten 1968: „Der Spruch ‚Laß den Buben wachsen, gescheiter wird er von selbst', stimmt nicht, ich bin nicht gescheiter geworden, aber ich wäre heute flexibler: Das Mögliche im Auge zu haben und Unmögliches anzustreben, ist sehr schwer. Wir haben zu sehr das Mögliche im Auge gehabt.“

Der Beamte im Handelsministerium ist politisch nicht mehr aktiv, weil er „den entsprechenden Rahmen“ nicht gefunden hat. Er könnte sich aber vorstellen, daß er sich in einer grünen Formation eines Tages wieder engagiert. Die Beamtentätigkeit in dem Ministerium, das zur Zeit von einem FPÖ-Mann geleitet wird, sei für ihn keine politische Arbeit: Er versuche sie „gut, anständig und vernünftig“ zu machen.

Damals, in seiner studentenbewegten Zeit, heiratete Peter Kowalski Marina Fischer, die Tochter des 1969 aus der KPÖ ausgeschlossenen marxistischen Theoretikers Ernst Fischer. Das Paar verschickte Anzeigen, in denen es bekanntgab, daß es sich „aus Anstand, Liebe und Vernunft“ vermähle. „Gewisse antiautoritäre Strukturen habe ich nie geteilt, und für Wohngemeinschaften habe ich keine Zeit gehabt“, sagt Kowalski 1985 und wünscht sich einen „Halbtagsjob, weil ich mehr Zeit haben will zum Nachdenken und für meine Kinder“.

Bei der Inauguration 1968 hatte er als einer der ersten mit den legendären Paradeisern auf die Honoratioren geschossen. Heute wirkt er zurückhaltend, fast scheu: „Beim Schärf haben wir nicht einmal einen Gesprächstermin bekommen, und beim Pittermann auch nicht. Der Kreisky hat uns dann das erste Mal nach unserer Meinung gefragt. Das war ein Phänomen. Wir haben an den Programmen mitgearbeitet und konnten uns auch durchsetzen, aber wir wußten, daß die Partei das nicht durchführt.“

Die Väter haben ihre Kinder nicht ernstgenommen, sie wurden mit Beschäftigungstherapien abgespeist. „Ich bin ein Gefühlssozialist. Wut, Empörung und Verzweiflung sind für mich starke Motivationen“, sagt Kowalski.

Er sieht gewisse Ähnlichkeiten zwischen sich und Günther Nenning: „Ich teile das Schicksal, das die sozialdemokratischen Linken seit Viktor Adler haben.“ Bestimmte Tendenzen in der Partei seien zwar „besorgniserregend“, dennoch sei ihm die Kleine Koalition aber weit lieber als eine Große.

Zur Zeit setzt er sich – beeinflußt von seiner Freundin, einer Bhagwan-Anhängerin – vor allem mit der inneren Bewältigung subjektiver Probleme auseinander. Die Wut ist nach innen gegangen.

„Ich bin mit der Welt nicht eins“

Manche 68er, die heute keine Möglichkeit mehr sehen, politisch etwas zu bewirken oder mitzugestalten, sind nicht nur leise, sondern auch zynisch geworden.

„Die 68er-Bewegung hat dem Staat viel Geld erspart. Durch das Ausleben von Emotionen hat man viel weniger Sozialdienste gebraucht. Jetzt staut sich wieder Potential an, und der nächste Krach kommt bestimmt.“ Bernhard Frankfurter, 39, einstiger „Aktions“-Mann in Wien, gibt sich bei seiner Bilanz gelassen: „Ein neues ’68 wird sicher kommen, das haben sich die Herrschaften zuzuschreiben, die nur zubetonieren. Noch ist das Potential diffus, aber es wird sich politisieren. Wenn die Institutionen zumachen und alles hinauswerfen, was nicht stromlinienförmig ist, so ist das ihre letzte Rettung vor dem sicheren Zusammenbruch. Die Machthaber sind heute genauso kleinbürgerlich und konservativ wie vor ’68. Es regiert die Herrschaft der kleinbürgerlichern Zombies.“

Frankfurter, Sohn eines Grazer Mittelschulprofessors, hat, wie er es ausdrückt, „immer ein zweigeteiltes Leben geführt“. In Graz habe er das nationale Element „mit voller Post“ wahrgenommen. In der 2. Klasse Gymnasium (Carnerigasse) zum Beispiel habe ihn ein Professor angeschrien: „Pinkeljud’, scher dich zurück ins Getto!“

Schon während der Mittelschulzeit nahm er bei Paul Asveld Privatstunden in Philosophie, „um vom Stumpfsinn des Gymnasiums erlöst zu werden“. 1966 ist Frankfurter nach Wien gegangen in der Hoffnung, „endlich vom verordneten Leben befreit zu werden“. Die Hoffnung erfüllte sich nicht: „Ich machte die Erfahrung, daß dort, wo von der Freiheit der Wissenschaft gepredigt wird, sie gerade besonders verwaltet ist.“

„Auf der Suche nach Identität“ versuchte Frankfurter eine Zweigstelle der Grazer „Aktion“ in Wien zu schaffen: „Unsere Richtlinie war nicht gesellschaftsrevolutionär, sondern bildungsreformistisch. Der Klassenkampf war als Grundlage politischen Handelns nicht relevant.“ Dennoch stand die Wiener „Aktion“ bald weit links von der Grazer „Aktion“, und als der VSStÖ für die SPÖ nicht mehr tragbar war, warb Kreisky um die Gruppe. „Wir hätten die Jusos austricksen sollen. Das haben wir aber abgelehnt“ (Frankfurter).

„Ich bin mit der Welt nicht eins“, definiert der ehemalige „profil“-Redakteur, der jetzt Drehbücher schreibt und Filme produziert, seine politische Grundlinie. Von 1968 bis heute sei eine Wendung vom Kopf zum „Es“ erfolgt: „Der Zwiespalt zwischen dem Wissen über die Welt und der Ohnmacht des ‚Es' hat zu einem neuen Biedermeier geführt. Wenn der Makrokosmos kaputt ist, schafft man sich einen Mikrokosmos."

Um Theorien sind die ehemaligen 68er selten verlegen . . .

Prediger revolutionärer Geduld

Einer aus der Gruppe, die Bruno Marek am 1. Mai 1968 am liebsten nach Steinhof geschickt hätte, arbeitet nach wie vor im Rahmen der Partei: Bruno Aigner, 40, werkelt unverdrossen als Pressesekretär für Wissenschaftsminister Heinz Fischer. Die unerschütterliche Loyalität Aigners seinem Chef gegenüber mag ihre Wurzeln in der Vergangenheit haben, sie ist jedenfalls die Basis dafür, daß es Aigner wie kein anderer schafft, den Job eines Öffentlichkeitsarbeiters mit gelegentlichen kritischen Äußerungen zur Partei zu vereinen. Die Tatsache, daß Fischer die Hand über Aigner auch dann hält, wenn er der SPÖ unbequem ist, verschafft dem Minister, von dem die heute Bewegten oft enttäuscht werden, dann doch immer wieder Sympathien einiger Linker

Bruno Aigner predigt die „revolutionäre Geduld" und lebt danach. „Fünf Schritte nach vor gestürmt, dann wieder drei bis vier Schritte zurück", lautet seine Devise. Für Aigner war 1968 kein „kurzes Aufflackern von Protest, der dann wie ein Salzburger Nockerl in sich zusammenfällt", sondern „ein Hebel zur gesellschaftlichen Veränderung".

Er ist heute unterwegs „als Handlungsreisender in Sachen Perspektiven 90" und vergleicht die Sozialdemokratie mit einer Schnecke: Zur Zeit sei die Partei zwar etwas ausgelaugt, aber sie könne in Diskussionen wieder Substanz aufbauen. Die „100prozentig Grünen“ seien zwar eine Herausforderung für die Parteien, blieben aber oft an den Erscheinungsformen hängen und gingen nicht an die Wurzel.

Aigners Lösung heißt: Rot-Grün. Es sei eben wichtig, in größeren Zusammenhängen und langatmig zu denken, dann komme man nicht „in diese Resignation, wie das bei anderen der Fall ist“. Die Causa Androsch habe ihn schon noch deprimiert – Aigner hat den Androsch-Clan in der „Zukunft“ einmal mit Eiterbeulen verglichen –, heute sei er aber nicht mehr so „manisch-depressiv“.

Ausländische Journalisten bewundern immer wieder die Eleganz, mit der bei uns Konflikte gelöst werden. Tatsächlich gleichen Demonstrationen, die in anderen Ländern oft zu Straßenschlachten eskalieren, hierzulande eher amikalen Umzügen. Typisch österreichisch war auch die Art des Protestes, bei dem Aigner mitmachte, damals, 1968, und die Antwort der Staatsgewalt darauf.

Er saß am 1. Mai 1968 im Volksgarten und sah einen Demonstrationszug gegen das Blasmusikkapellentreffen am Rathausplatz um die Ecke biegen. Die Transparente sprachen ihn an, also reihte er sich unter die Demonstranten. Vor dem Rathaus kam’s dann zum Eklat: Bürgermeister Bruno Marek begrüßte etwas rotwangig nach dem Mittagessen seine „lieben Wienerinnen und Wiener“. Sprechchöre störten dann Mareks weitere Ausführungen; Aigner hielt ihm ein „Spiegel“-Heft mit dem Porträt von Karl Marx unter die Nase und rief: „Er verrät das Gedankengut von Karl Marx!“

Marek ließ den Platz räumen, und die Polizei nahm Aigner gemeinsam mit sechs weiteren Demonstranten fest. Silvio Lehmann, neben Peter Kowalski Hauptredner des VSStÖ, dachte sich, jetzt ist alles aus, und lief ins Café Landtmann: Dort saßen Karl Blecha, Ferdinand Lacina und Erich Schmidt. Lehmanns Bitte um Vermittlung blieb ohne Erfolg.

Der unfreiwillige Aufenthalt in der Rossauer-Kaserne war für die Inhaftierten aber nur halb so schlimm. Am selben Abend gab es ein Fußballmatch: Bulgarien gegen Österreich. Die Beamten, die zur Wache eingeteilt waren, stellten den Studenten ein Radio in die Zelle, damit sie auch „dabei sein" konnten.

Lehmann bekam inzwischen seine „Watschn" von Kreisky: Dieser, seit einem Jahr Parteiobmann und um Durchsetzungskraft bemüht, schrie ins Telefon „ihr Rotzbuam" und forderte den VSStÖ dann zu einer Erklärung für den Wiener Ausschuß der SPÖ auf. Die sozialistischen Studenten folgten und erklärten, daß sie sich auf dem „Boden des Wiener Programms" befänden.

Das Schreiben wurde umgehend an die Presse weitergeleitet, und das abgerungene Eingeständnis wurde dann wiederum den VSStÖ-Sprechern zum Verhängnis: Die linken Genossen waren verärgert. Schließlich wurden die Maoisten (sie sind inzwischen in Österreich spurlos verschwunden) und Trotzkisten (GRM) bewogen, freiwillig aus dem Verband zu gehen.

Von Marx bis Mao

Jene, die in den sechziger Jahren noch an die Rettung des Marxismus mit menschlichem Antlitz geglaubt hatten, wurden am meisten enttäuscht: Nach dem Einmarsch der Sowjets in die ČSSR schloß die KPÖ alles aus, was Leben bedeutet hatte: Die „Tagebuch"-Gruppe (Ernst Fischer/Franz Marek), die Gewerkschaftliche Einheit und die Jugendorganisation FÖJ. Alle drei Gruppierungen beschlossen, außerhalb der Partei weiterzumachen; es gab permanente Kämpfe um Lokale, Druckmaschinen und Vereinsnamen. Für ein dauerhaftes Engagement war die Frustration jedoch zu groß: Kaum einer, der '68 unter dem Vorzeichen K politisch tätig war, steht heute noch ungebrochen zu den neomarxistischen Ideen.

„Du kannst kein Revolutionär und zu Hause ein Spießer sein"

„Wir haben den Blumengarten im Hirn gehabt und die Öde im Bauch", sagt Robert Schindel, 41, rückblickend, „ein von Zeit zu Zeit politisierender Literat", wie er sich selbst nennt. Als solcher sei er damals auch zur Studentenbewegung gekommen: Er wollte im Herbst 1967 in Berlin den Biermann besuchen und nicht den Kunzelmann und Gudrun

Ensslin. Biermann war an der Ostsee, und so besuchte Schindel eben die beiden Berliner Kommunen K1 und K2: „Da war ein tolles Kommen und Gehen. Da bin ich eben auch gekommen und gegangen.“ In der K2 lernte er Gudrun Ensslin kennen und war „kolossal“ von ihr beeindruckt: „Die war eine integre, der Sozialdemokratie verpflichtete Frau, die sich die Umwertung aller Werte erhofft hat.“

Unter dem Einfluß der Berliner Kommunen schlossen sich dann auch in Wien rund dreißig Leute zu einer „Kommune“ zusammen. Günther Maschke, nach einer Kuba-Fahrt der neuen Rechten zugeneigt und heute Redakteur bei der „Frankfurter Allgemeinen Zeitung“, brachte Informationen über die neuesten Entwicklungen in der BRD nach Wien. Die „Kommune“ übernahm zwar Teile der Ideologie des Berliner SDS, war dann aber von der Herkunft ihrer „Mitglieder“ her und auch in ihren Aktionen doch sehr österreichisch.

Die Gruppe lebte nicht zusammen, es existierten weiterhin feste Zweierbeziehungen, auch die jeweiligen Bindungen an das Elternhaus blieben aufrecht. „Die meisten von uns waren frustrierte KP-Kinder, wir haben uns gesagt: ‚Du kannst kein Revolutionär und zu Hause ein Spießer sein‘“ (Schindel). Eva und Peter Ribarits gehörten dazu, der Zeichner und Maler Christof Šubik, Peter Jirak und Katja Fleischer (sie besitzt heute ein Postergeschäft im 1. Wiener Bezirk und ist Baghwan-Anhängerin). Einige von ihnen waren jüdisch, wollten aber damals, bei der Suche nach ihren Wurzeln, vom Judentum nichts wissen.

Die „Kommunarden“, wie die VSStÖler sie nannten, bemühten sich um einen lustvollen Zugang zu

Fragen der Politik und Ästhetik und gaben die liebevoll gestaltete Zeitschrift „Hundsblume“ heraus. Gustav Ernst, Peter Henisch und Helmut Zenker lieferten dafür Beträge.

Selbstkritisch meint Schindel heute: „Unsere Flugblatt-Aktionen und Seminare haben viel Aufregung hervorgerufen, wobei wir die unmittelbare Wirkung überschätzt und die mittelfristige Wirkung unterschätzt haben.“ In den frühen siebziger Jahren hat er sich dann den Maoisten (MLS) angeschlossen, aber „stillgehalten. Nach dem Einmarsch der Russen in der ČSSR habe ich mich totgestellt.“

Schindel hat sein Philosophiestudium und die Dissertation abgebrochen, „weil mir der philosophische Begriff Kunst in der Nachfolge Hegels wie eine tote Ratte im Mund gehangen ist“. Er ging nach Spanien und wurde dort für ein halbes Jahr eingesperrt, weil man in seiner Rocktasche zehn LSD-Tabletten gefunden hatte: „Man hat mir Rauschgifthandel vorgeworfen, und ich bin dann nur über höchste Interventionen freigelassen worden. Ich selber habe mir aus Rauschgift nie etwas gemacht, weil ich immer überzeugt war, daß man für die Revolution einen klaren Kopf braucht.“

Der 15. Jahrestag des Israelkrieges 1968 war für Schindel ein Anlaß, sich mit seiner jüdischen Identität auseinanderzusetzen: Er kommt aus einer assimilierten jüdischen Familie, in der nur seine Mutter und ein Onkel den Zweiten Weltkrieg überlebt haben: „Ich bin kein religiöser und kein zionistischer Jude, aber es geht mir darum, zu verhindern, daß der Holocaust einen späten Sieg auf kultureller Ebene davonträgt.“ Er gab Interviews zu diesem Thema, trat im „Club 2“ auf, „aber dann habe ich schnell die Gefahr gespürt, ein Berufsjude zu werden“.

Heute möchte Schindel die Schönheiten und Sinnlichkeiten des Lebens begreifen und ist nicht mehr bereit, sich einer politischen Bewegung anzuschließen: „Mit der Friedensbewegung habe ich mich nur am Rande und mit den Grünen sehr kritisch auseinandergesetzt. Ich bin unglücklich über den Anti-Intellektualismus der Grünen, weil eine mythisch-mystische Bewegung immer Gefahr läuft, von bestimmten Leuten ausgenützt zu werden.“

Zur Zeit schreibt er an einem Essay: „Der hilflose Antifaschismus“. Kommentar am Rande: „Man könnte was lernen von den Christen im Widerstand. Für die Kommunisten, die eine blutige Diktatur im Rücken hatten, war es einfacher, Widerstand zu leisten.“

„Jetzt hole ich mir halt einmal ein Parteibuch“

Gustav Glaser, 39, ist Hausleiter im Jugendzentrum Rennbahnweg und zur Zeit als Betriebsrat freigestellt. Sein politisches Engagement hat 1961 beim VSM begonnen, heute ist er wieder in der SPÖ: „Ohne besondere Ambitionen, nicht um zu reformieren, es hat sich halt so ergeben aus gewerkschaftlichen Gründen. Mein Eintritt in die SP vor fünf Jahren hat für mich nicht mehr bedeutet als ‚jetzt hole ich mir halt einmal ein Parteibuch‘.“ Er identifiziere sich mit seiner JG-Bezirksgruppe, aber nicht mit den Mitgliedern der Regierung: „Die Frage, ‚wo bleibt mein Gewissen, wenn ich in dieser Partei bin‘, war im Februar 1934 berechtigt, ist aber heute künstlich aufgesetzt. Die SPÖ ist eine politische Partei, aber keine Partei der Arbeiterschaft.

Sie kann nicht für sich in Anspruch nehmen, eine Partei des Fortschritts zu sein und gerät immer dann in Schwierigkeiten, wenn sie glaubt, den Fortschritt in ihren Reihen gepachtet zu haben."

Glaser knüpft mit seiner SP-Mitgliedschaft – nach einem kurzen, aber heftigen Ausflug in den kommunistischen Bereich – wieder an seine Familientradition an: „Ich komme aus einem sozialdemokratischen Elternhaus, meine Mutter war Mittelschullehrerin und hat schon in den sechziger Jahren Brecht und Sartre unterrichtet. Das katholische Duckmäusertum in der Schule, die Auseinandersetzung mit dem Direktor haben mich dann in den VSM getrieben." Vom VSM ging es, wie hätte es anders sein können, direkt in den VSStÖ: Glaser war 1966 Wiener Sekretär und nach 1968 Bundessekretär der sozialistischen Studenten.

Der schwergewichtige junge Mann war bei den meisten Wiener Demonstrationen der späten sechziger Jahre dabei und sorgte schon wegen seiner bedrohlich wirkenden Körperfülle manchmal für Aufregung: So klagte ihn einmal der Erzbischof der Griechisch-Orthodoxen wegen Religionsstörung: Im April 1967 feierte die Gemeinde ein Woche nach dem Griechenland-Putsch ihr Osterfest. Die Studenten demonstrierten am Fleischmarkt gegen diesen, und als der Erzbischof vor der Kirche den Weihrauchkessel schwenken wollte, fühlte er sich durch den dicken Bauch des Burschen, der in der ersten Reihe des Demonstrationszuges stand, behindert.

In den frühen siebziger Jahren suchte sich dann Glaser aber selbst einen Religionsersatz: Er schloß sich der stalinistisch ausgerichteten MLS an. Die Gruppe, die auch in der „Kommune" stark vertreten war, ist 1979 als „Kommunistischer Bund“ (KB) zusammengebrochen. „Meine K-Zeit hat meine Weltanschauung stabilisiert“, sagt der SP-Betriebsrat heute. „Ich stand am festen Boden des Marxismus, mit einem leichten Abschweifen hin zum Austromarxismus. Es war interessant, einmal die Spaltung der Arbeiterschaft in sozialistisch und kommunistisch zu rezipieren.“ Er habe in dieser Zeit viel gelernt, vor allem an theoretischem Grundlagenwissen: „Wir haben damals tatsächlich ‚Das Kapital‘ gelesen und wurden in der weltanschaulichen Fundierung geschult. Wir haben an Breite gewonnen und uns in praktischer Organisationsarbeit geübt.“

Zur Sozialarbeit ist der inzwischen promovierte Soziologe dann über die Kommunikation gekommen: „Politische Organisationen haben ja kaum was mit der Hauptmasse der Arbeiterjugend zu tun. Was früher der ‚Schutzbund‘ war, sind heute die ‚Rapid‘-Fans. Das sind natürlich zeitgeschichtlich gewaltige strukturelle Unterschiede.“

Die „Epochenfrage“ ist für Glaser nicht die nach den Reichshälften, sondern die Bewältigung der apolitischen Haltung: „In diesem Sinn sitzen Benya & Co. am falschen Dampfer, sie werden viel mehr ins Trudeln kommen als die Bio-Müsli essenden Alternativen. Eine kulturelle Konfrontation kündigt sich an, ob es ein Umbruch wird und wenn ja, auf welche Weise, ist offen.“

Die heutige Bewegung sei breiter und weniger personell angelegt als die Studentenbewegung 1968 und trage zum Teil biedermeierliche Züge. Ob in Hainburg ein Kraftwerk gebaut wird oder nicht, ist Glaser egal, „für mich interessant war es, die Reaktion der Gewerkschaft zu beobachten und zu sehen, wie völlig unkritisch die Regierung sich selbst gegenüberstand. Die Schattenseite in der Arbeiterbewegung, der Intelligenz feindlich gegenüberzustehen, hat Tradition. Es war bemerkenswert, wie sehr diese Schattenseite bei der Betriebsrätekonferenz in Hainburg in den Vordergund getreten ist." Wo immer die herrschende Kultur zu brechen sei, unterstütze er das „aus sozialpädagogischen Gründen, nach dem Motto: ‚Sie sollen einen Denkzettel bekommen'." Die Betoniererpolitik sei Ausdruck einer politischen Kultur, „die abzulehnen ist".

Für den einst polternden Glaser gibt es heute „viel zu wenig Provokation. Die Sprayer sind harmlos. Die Leute werden immer unmündiger gehalten und haben dann Schwierigkeiten, mündig zu werden. Es werden ihnen Rosengärten versprochen, aber die Versprechen werden nicht eingelöst."

„Man war begierig, die ganze Welt zu erfahren ..."

Auch Georg Hoffmann-Ostenhof, 39, ist wieder dort gelandet, wo er als Student begonnen hat: bei der SPÖ. Er ist außenpolitischer Redakteur bei der „Arbeiter-Zeitung".

„Hasi", wie ihn seine Freunde nennen, kommt aus einer liberalbürgerlichen Familie, sein Vater war Universitätsprofessor. Als der Student Ostenhof auf der Uni nach Kontakten suchte, merkte er bald, „daß es bei den ‚Rechten' fad war und man sich mit den ‚Linken' in den Beiseln viel besser unterhalten konnte: Man wurde von einer fast mystischen Welle erfaßt. Es war eine antiautoritäre, satirische Frechheit gegeben. Man war begierig, die ganze Welt zu erfahren und hat sich die Suhrkamp-Bände gegenseitig aus der Hand gerissen."

Ostenhof engagierte sich beim VSStÖ, hatte dann aber im Zuge der Ereignisse am 1. Mai 1968 Schwierigkeiten mit der Partei. In einer „Phase der theoretischen Fruchtbarkeit" zog er sich daraufhin zurück. In Arbeiterkreisen, über Marx, Psychoanalyse, die Geschichte der Arbeiterbewegung und die Dritte Welt suchte er nach seiner Identität und glaubte schließlich bei Trotzki die einzig richtigen Antworten zu finden: „Ich war von Trotzki angezogen, weil er als einziger den Faschismus rechtzeitig analysiert hat. Der Trotzkismus war für mich fundamental demokratisch und internationalistisch. ‚Le Monde' war die tägliche Lektüre gegen den deutschen Mief und die dumpfen Stalinisten", meint Ostenhof heute.

Gemeinsam mit Hermann Dworzcak, Reinhard Löw und Helene Maimann gründete Ostenhof die „Gruppe Revolutionärer Marxisten". Am Anfang noch der KP verbunden, ist die Gruppe dann 1972, in der eurokommunistischen Periode, aus der „Vereinigung Demokratischer Studenten" ausgetreten. Die Spannungen zwischen den eher feinsinnig-intellektuellen Trotzkisten und den harten, stalinistischen K-Gruppen waren bald so stark, daß man einander nicht einmal mehr grüßte.

„Hasi" ist stolz auf seine Vergangenheit: „Ich bin ein 68er geblieben. Die Sozialdemokratie war ein Erfolg der Revolte. Die Hoffnungen, die wir in die SP-Regierung gesetzt haben, waren wahnsinnig groß und mußten zerstört werden. Viele Themen, die '68 gestellt wurden, sind heute in politisch verflachter Form die Sache von Hunderttausenden geworden. Das synthetische Element ist jedoch verlorengegangen, und diese Segmentierung hat zu einer gewissen Verblödung geführt."

Wie so viele 68er, hat auch Ostenhof Schwierigkeiten mit den Grünen: „Mir sind andere Sachen wichtiger als das Sterben der Au und das Sterben des Waldes. Die Bewegung ist für mich irrational. Positiv für mich daran ist die radikale Kritik an den gesamtgesellschaftlichen Strukturen. Die Tendenz geht weg von den Irrationalismen. An die Gefahr, daß der Irrationalismus die Grünen nach rechts drängt, glaube ich nicht." Sie seien eine Erbschaft der 68er, aber auch eine Erbschaft der Niederlage von 68: „Alles, was damals aufgestaut wurde, ist heute so aktuell wie nie zuvor. Es ist ein Teil verwirklicht und ein Teil wieder weggenommen worden."

In den nächsten 10 bis 30 Jahren werde es neue Brüche in Europa geben, davon ist der Journalist überzeugt: „Das kann auch Krieg bedeuten, denn die Leute spüren: So geht's nicht weiter."

„Wir sind keine Kaffeehaushinterzimmermarxisten!"

„Ich bin heute mehr denn je vom revolutionärmarxistischen Standpunkt überzeugt, nur muß er sich in konkrete Arbeit umsetzen, sonst ist er eine sehr sterile Angelegenheit", sagt Hermann Dworzcak, 37, und lebt danach.

Er ist nach wie vor in der GRM engagiert und von ihrer wichtigen Rolle in der österreichischen Innenpolitik überzeugt: „Die GRM war 1978 wesentlich an der Volksabstimmung gegen Zwentendorf beteiligt und kämpft zur Zeit für die 35-Stunden-Woche und gegen die Abfangjäger. In der Frage Hainburg haben wir auch versucht, im ÖGB, der ‚Höhle des Löwen', einen differenzierten ökologischen Standpunkt zu vertreten und bildeten ein Komitee ‚Linke Gewerkschafter gegen Hainburg'."

Die GRM habe sich weiterentwickelt und sei längst keine Studentenorganisation mehr: „Als wir begonnen haben, wurde von der Solidarität zwischen Studenten und Arbeitern gesprochen, aber es waren Aktivitäten von außen, die wir an die Fabriken herangetragen haben. Inzwischen hat uns die Realität eines Besseren belehrt: Die Gewerkschaftsarbeit ist heute politisch die wichtigste Tätigkeit der Organisation. Die Universität ist nicht mehr das Zentrum unserer Aktivitäten. Heute geschehen alle wichtigen Dinge außerhalb der Hochschulen, und die Themen müssen erst auf die Uni gebracht werden. Einen revolutionären Standpunkt vertreten, heißt auch: Politik hic et nunc betreiben. Wir sind keine Kaffeehaushinterzimmermarxisten."

Dworzcak, der über „Die Logik des Kapitals" dissertiert hat, ist heute Versicherungsangestellter im Außendienst: „Das ist natürlich eine entfremdete Arbeit, aber ich führe Gespräche, die über die reine Versicherungstätigkeit hinausgehen und eine gute Gelegenheit zum Reden bieten."

Seine Biographie ist die typische Vorgeschichte eines Wiener 68ers: Sohn einer Arbeiterfamilie, VSM, VSStÖ, Krach mit der Partei am 1. Mai 68. Mit der MLS und ihrem Slogan „Die Sturzbäche der Revolution fließen überall" konnte Dworzcak sich nicht anfreunden: „Die waren in Österreich das, was der SDS in der BRD war. Der Blick für die Realität hat ihnen völlig gefehlt." Er suchte, wie Ostenhof, nach einer alternativen Denkströmung, „wo man für Solidarnošč und gleichzeitig links sein kann".

Er und seine Freunde seien der Meinung, daß das Regime im Osten gestürzt werden sollte: „Wir sollen zu den bisherigen Freiheiten neue dazugewinnen." Deshalb sei es ihm auch selbstverständlich, mit den polnischen Gewerkschaftlern solidarisch zu sein: „Ich bin selbst einer Betriebsrätekommission vorgestanden, die zu dem Kongreß von Solidarnośċ nach Polen gefahren ist."

1968 habe man, meint Dworzcak rückblickend, „nicht viel erreicht, aber alles, was sensibel war, hat irgendwie mitgetan." Man habe damals den Fehler gemacht, eine Brille mit einer viel zu kurzen Zeitperspektive aufzusetzen, außerdem hätten die Linken ihre Möglichkeiten nicht genützt.

Hainburg war für Dworzcak „ein kräftiger Hauch" von '68. „Bei der Feldmesse sei eben auch ein Hauch von Solidarnośċ zu spüren gewesen: „Das war Volksbewegung."

Dworzcak ist einer der wenigen Wiener 68er, die noch immer im selben Sinne bewegt sind: Er hat einen Stoß von Unterlagen zu unserem Gespräch mitgebracht; Flugblätter, Broschüren und die Zeitschrift „die linke" sollen die Aktivitäten und die Präsenz der GRM belegen. Ihre tatsächliche politische Bedeutung abzuschätzen, steht mir hier nicht zu, eines aber ist außer Zweifel: Einer, der sich immer noch engagiert, ist nicht frustriert.

Die katholischen 68er

Das Ringen der katholischen Kirche bei und nach dem Zweiten Vatikanischen Konzil um ein neues Selbst- und Weltverständnis konnte auch an den katholischen Studentenorganisationen nicht vorübergehen. Die Devise hieß Öffnung: Eine nonkonformistische Unruhe schreckte traditionsbewußte Kleriker ebenso wie konservative weltliche Bannerträger des Katholizismus.

Aufbruch im CV

Als „echten Skandal" bezeichnete der „Kurier" 1967 eine Veranstaltung des CV: Die „Austria" hatte am 21. April zum „Zockfest" in das Restaurant „Grünes Tor" in der Wiener Josefstadt geladen. Das „Happening" endete in einer Saalschlacht, die „ein Großaufgebot der Polizei auf den Plan rief".[1] Bereits an diesem Tag zeichnete sich ein Spezifikum der österreichischen Studentenbewegung ab: Wenn man hierzulande überhaupt von einer Rebellion in den sechziger Jahren sprechen kann, dann ging sie von den Künstlern und nicht von theoretischen Vordenkern aus.

Christian Ludwig Attersee, Wolfgang Bauer, Oswald Wiener, Otto Muehl, Hermann Nitsch und

---

[1] „Die Presse" vom 24. April 1967.

Kurt Kalb waren an jenem 21. April, der in den österreichischen Medien später als „schwarzer Freitag“ apostrophiert wurde, mit von der Partie. Die Aktionen, die damals so viel Staub aufgewirbelt hatten, waren durchaus harmlos: Man warf mit frischen Semmelknödeln um sich, Kurt Kalb demolierte ein Mikrofon, und die „Blutlachen“, die die Polizei in Schrecken versetzten, entpuppten sich als rote Farbkleckse. Der CV jedenfalls distanzierte sich von den Künstlern nicht – und das wiederum ist bezeichnend für einen Teil des Verbandes damals.

Heute gelten die Studenten mit den bunten Kapperln wieder als besonders brav und angepaßt. Damals, in den sechziger Jahren, war es einer Gruppe vom CV zu wenig, „einmal im Jahr in Coleur und Wichs aufzumarschieren. Wir haben geglaubt, der CV könnte ein mögliches Vehikel für die Emanzipation des Menschen sein.“ So Wolfgang Aigner, 52, Rechtsanwalt und Ehemann der „profil“-Kulturredakteurin Sigrid Löffler. Er hat in den Jahren 1969 bis 1973 wesentlich zur Öffnung der Verbandszeitschrift „Academia“ beigetragen. Die Zeitschrift spiegelte ein neues Lebensgefühl wider: Papst Johannes XXIII. war das Leitbild der jungen CVer, die noch an die Verwirklichkung des Konzils glaubten. Man lebte auf eine neue Utopie hin, von Erneuerung in der Kirche und in der Partei wurde gesprochen; Otto Mauer, Karl Strobl und Ferdinand Klostermann schufen intellektuelle und emotionale Brücken zwischen Studenten und Kirche. Der Bericht des Club of Rome wurde studiert, die Ideen des prophetischen Theologen Ivan Illich und des brasilianischen Bischofs Dom Helder Camara diskutiert.

Unter der Chefredaktion von Werner A. Perger (heute Bonner Korrespondent des „Deutschen Allgemeinen Sonntagsblattes") und Gerhard Feltl (heute Pressechef bei IBM) wurden in der „Academia" liebevolle Porträts („Nahaufnahme") von Friedrich Heer und Erika Weinzierl verfaßt. Man setzte sich kritisch, aber mit spürbarer Sympathie mit Bruno Kreisky auseinander und schrieb lange Artikel über Vietnam, Entwicklungspolitik, Umweltfragen, Sexualität und Schulkonzepte. In dieser Zeit wurde das Blatt sogar mit dem „Rennerpreis" ausgezeichnet.

Am 6. Februar 1973 ohrfeigte der „Alte Herr" Jelinek den „Wolferl" Aigner; die Verbandsführung argumentierte: „Soweit habt ihr's getrieben", der Bruch war irreparabel: Im Mai trat die gesamte Redaktion der „Academia" solidarisch zurück. Ernst Wolfram Marboe, mit Peter Hofbauer als Chefredakteur, stand bereits im Hintergrund, um die Zeitschrift wieder auf Rechtskurs zu bringen.

Inzwischen sind die Luken wieder dicht, die unruhigen Geister von damals haben jedoch, wo immer sie heute auch beruflich stehen, ihre einstigen Ansprüche nicht vergessen.

„An meinen Grundsätzen hat sich nichts geändert, aber das Gefühl über die Durchsetzbarkeit ist anders geworden. In Wahrheit gehen gesellschaftliche Veränderungen im Schneckentempo vor sich", sagt Wolfgang Aigner, der als Anwalt für Amnesty International arbeitet und Sprechstunden für Studenten abhält, heute. 1968 sei wie „ein Leuchtfeuer, dem man nachgeht", geblieben. Damals wäre er stolz gewesen, wenn sein Sohn zum CV gegangen wäre, heute würde er sich hundertmal überlegen, ob er ihm dazu raten könnte: „Wir sind zu g'schwind mit allen diesen neuen Dingen gekommen, das haben die CVer nicht verkraftet."

Ähnliche Töne schlägt Gerhard Feltl, 38, an: „Ich würde heute wieder zum CV gehen, wenn er so wäre, wie er damals war. So wie er heute ist, weiß ich nicht, ob ich mich noch einmal aufnehmen ließe. Für mich war er eine großartige Schulung, und ich habe viele Freunde von damals heute noch. Bei Einzelkämpfern besteht die Gefahr, daß sie sich verrennen."

In der gesamtgesellschaftlichen Entwicklung sieht Feltl heute „eine verblüffende Ähnlichkeit" zu der Aufbruchsstimmung in den sechziger Jahren: „Wir waren damals angesteckt vom Woodstock-Festival in Amerika, von den ersten Happenings, dem Musical ‚Hair', das von London in die Wiener Stadthalle gekommen ist, und von der konkreten Poesie. Gleichzeitig ist das Unbehagen, vor allem auf Hochschulboden, immer stärker geworden, und wir haben die Autoritäten hinterfragt. Heute ist für mich Hainburg ein erfreuliches Zeichen für die Vitalität eines Gemeinwesens, vor allem, weil sich jetzt die verschiedenen Bevölkerungsschichten solidarisieren." Wäre er heute noch Chefredakteur der „Academia", so würde er „natürlich über Frischenschlager" schreiben.

Auch für Werner A. Perger, 43, genannt „Wapi", ist der Name Frischenschlager ein Reizwort: „Ich war zur Zeit der Reder-Affäre in Israel und habe mich geschämt. Ich verachte die FPÖ und halte diese Koalition für ein Verhängnis."

Perger ist wie Aigner und Feltl noch immer im CV, „weil er mich enorm geprägt hat, und aus optischen Gründen". Der Austritt aus dem Verband fiele ihm leichter, würde die ÖVP wieder regieren,

„dann gäbe es auch mehr Anlässe, und der Opportunismusverdacht würde wegfallen“. Es war ein „Konservativismus mit freundlichem Antlitz“, der ihn einst an Piffl und Josef Klaus fasziniert habe. Die Faszination eines Alois Mock ist für Perger jedoch eine „äußerst begrenzte“.

Die „Sandkastenfreundschaften“ von einst halten dennoch, für Perger sogar mit Steinbauer, der sich politisch anders entwickelt hat: „Wir reden über Parteigrenzen hinweg, die uns in Österreich vielleicht bewußter wären. Ich bin nicht sicher, ob wir uns so gut verstehen würden, wenn ich immer in Wien wäre.“

Ähnlich wie für Feltl ist auch für Perger Hainburg „ein Zeichen der Hoffnung“ gewesen, weil „es bewiesen hat, daß sich das demokratische Milieu weiter ausbreitet“.

In der Ferne spürt Perger aber auch noch andere Veränderungen in und um Österreich: Als Journalist in Bonn erlebt er zur Zeit schmerzlich „den Absturz der internationalen Bedeutung Österreichs“; seit Kreisky nicht mehr an der Macht ist, werde man als Österreicher im Ausland lange nicht mehr so geachtet wie früher.

Die Leitgedanken der CV-Verbindungen sind „die vier Prinzipien“: Religion (Katholizismus), Vaterland, Wissenschaft und Lebensfreundschaft. Eine parteipolitische Bindung wird in den Satzungen ausdrücklich abgelehnt. In der Praxis freilich wird jede Mitarbeit bei einer anderen Partei als der ÖVP mit dem Ausschluß des Betreffenden geahndet.

Manfred Leeb (heute Generaldirektor der Neusiedler AG für Papierfabrikation) holte seinen Schulfreund Werner Vogt, der sich als Tiroler in

Wien ein wenig verloren fühlte, in den CV. Der aufmüpfige Mediziner war den „Alten Herrn" bald ein Dorn im Auge. Nach jahrelangen Querelen wurde Vogt 1975, nachdem er für Kreisky die Werbetrommel gerührt hatte, aus dem Verband ausgeschlossen.

In den sechziger Jahren war Vogt einer der Wortführer der jungen Bundesbrüder. Er brachte auch Stephan Schulmeister in den CV, der die rebellischen „Austern" (so wurden die Mitglieder der „Austria" genannt), darunter auch Michael Graff, noch 1972 für eine Vietnam-Demonstration mobilisieren konnte. Für Graff sollte dieses Engagement unerwartete Folgen haben: Als er 1973 von der ÖVP für den Verfassungsgerichtshof vorgeschlagen wurde, erinnerten sich einige seiner eigenen Parteifreunde blitzartig an seine „Ho-Tschi-Minh-Vergangenheit". Der Verdacht, der qualifizierte Rechtsanwalt könnte vielleicht doch ein geheimer Terrorist sein, verhinderte seine Karriere als Verfassungsrichter.

Gemeinsam mit Leeb schrieb Vogt 1964 für den damaligen Unterrichtsminister Theodor Piffl-Perčević erste Vorschläge für eine Hochschulreform nieder („Leeb/Vogt-Papier"), später setzte ihn Piffl als Sekretär im Rat für Hochschulfragen ein. In dieser Funktion coachte er den Minister durch das 68er-Jahr.

Heute ist Vogt, 47, Unfallchirurg in Wien-Meidling und schreibt gelegentlich in der Alternativzeitschrift „Falter". Bisher ist noch jedes Primariat an ihm vorbeigegangen, „weil er entweder zu links oder zu rechts ist" (Aigner). Dafür hat ihm die Ärztekammer bereits zwei Disziplinarverfahren angehängt: Vogt ist nämlich einer der wenigen Medizinmänner, die den Mund auch dann nicht halten, wenn es um Mißstände in der eigenen Berufsgruppe geht. Weder von der Standesvertretung noch von einer Partei hat sich Vogt bisher einfangen lassen. Und er meint dazu: „Den Luxus, eine Meinung zu vertreten, kann man sich nur leisten, wenn man draußen ist. Wenn die Unzufriedenen aus den etablierten Großparteien ausgestiegen wären, hätte sich auch auf dem Alternativsektor viel mehr getan."

● Gemeinsam mit Michael Mitterauer (heute Professor für Sozial- und Wirtschaftsgeschichte an der Universität Wien) hat Vogt für Vietnam demonstriert. Mitterauer wurde aus dem CV ausgeschlossen, einige Zeit später jedoch wieder aufgenommen.

● Gemeinsam mit Werner A. Perger, Stephan Schulmeister und Gerhard Wilflinger (heute Redakteur beim „Wiener Journal", einer von Erhard Busek und Jörg Mauthe gegründeten Monatszeitschrift, und Schwiegersohn des „Presse"-Herausgebers Otto Schulmeister) hat Vogt die Zeitschrift „top public" herausgegeben. Die Zeitschrift wurde eingestellt, nachdem Wilflinger eine Serie über Priesterseminare geschrieben hatte.

● Gemeinsam mit Heribert Steinbauer (heute Nationalratsabgeordneter und Mediensprecher der ÖVP) hat Vogt 1965 ein „Symposion 600" anläßlich der 600-Jahr-Feier der Universität Wien organisiert. Der damalige Rektor Karl Fellinger, ebenfalls CVer, wollte die Gegenveranstaltung zu den akademischen Feierlichkeiten verhindern; Piffl, für den Vogt heute noch schwärmt, hielt wieder einmal die Hand über die Jungen und setzte durch, daß das Symposion im Auditorium maximum stattfinden konnte: Golo Mann, Rudolf Augstein, Ernst Bloch, Johann Baptist Metz und Manès Sperber kamen nach Wien, um öffentlich vor tausenden Studenten über das Thema „Wirklichkeit“ nachzudenken.

Steinbauer wurde später wegen Wiederverheiratung aus dem CV ausgeschlossen. Berühmte Männer – wie Clemens Holzmeister – durften trotz Scheidung im Verband bleiben, bei einem (damals) Unbequemen wie Steinbauer war man jedoch mit den Statuten schnell zur Hand. Unter seiner Führung wurde in den sechziger Jahren das Archiv der ÖVP-Bundesparteileitung in der Kärntner Straße zu einer Brutstätte der Reformen.

Heute wollen die meisten einstigen Freunde Steinbauers zu seinem politischen Weg „aus Freundschaft“ keinen Kommentar abgeben. Die junge CV-Garde jener Zeit, die von aufklärerischen Liberalen bestimmt war, hat sich auseinanderentwickelt. Das Prinzip „Lebensfreundschaft“ gilt für sie jedoch auch heute noch . . .

Dissidenten der Kirche

Der Linksschwung in den späten sechziger Jahren machte auch vor den katholischen Hochschulgemeinden nicht halt. „1968 war Ebendorf[1] plötzlich leer“, erinnert sich Johannes (genannt Ulli) Hawlik, 40. Er war damals eines der „subversiven Elemente“ in der Wiener KHG, heute ist er ÖVP-Landtagsabgeordneter in Wien.

In den meisten österreichischen Universitätsstädten sind die KHG und die KHJ seit 1968 von

[1] In Wien ist die KHG in der Ebendorferstraße untergebracht.

der politischen Bildfläche verschwunden. Nur die Grazer Hochschulgemeinde hat die Zeit der Studentenbewegung überstanden. Das lag an der klugen Vorgangsweise des heutigen Kärntner Bischofs Egon Kapellari, der 1964 als 28jähriger Kaplan die Grazer KHG übernommen hatte. Unterstützt von seinem Bildungsreferenten Harald Baloch verstand er es, auch kritische Studenten nicht abzuschrecken, sondern zu integrieren: Sie konnten sich an der intellektuellen Potenz des Hochschulseelsorgers reiben, und diese Auseinandersetzung sorgte schließlich dafür, daß nur wenige in andere weltanschauliche Lager abwanderten. Später holte sich die steirische ÖVP gern ihren Nachwuchs aus der KHJ.

Bischof Paul Rusch in Innsbruck hat diese Taktik nicht beherrscht, sondern mit Sanktionen auf die „Streiche" der aufmüpfigen Studenten – einmal flogen während der Andacht im Dom Flugzettel vom Chor – reagiert. Die KHG wurde vorübergehend gesperrt, und schließlich suchten die Jungen ihre ideologische Heimat woanders: Franz Host-Breitfeld, einst KHJ-Generalsekretär, ist heute Leiter des Innsbrucker Renner-Instituts, der Tiroler SPÖ-Landesparteisekretär Lothar Müller ist Doktor der Theologie und war einige Jahre im Priesterseminar.

In der Wiener KHG kam es zum Krach, als der Hochschulseelsorger Karl Strobl ein Heft der KHJ-Zeitschrift „blätter" nicht mehr erscheinen lassen wollte. Das Redaktionsteam, zu dem neben Ulli Hawlik auch Arno Pilgram (heute Dozent am Institut für Kriminalsoziologie) gehörte, wurde 1969 mit einem Dankesbrief verabschiedet. Die Crew schrieb sich darauf erst recht ihre Wut von der

Seele und gab großformatige Hefte mit dem Titel „Flugblätter“ heraus.

„Über den Weg der Informationsvermittlung und Mobilisierung der Kritik wollen die ‚Flugblätter‘ einen direkten Beitrag zur Demokratisierung in gesellschaftlichen Bereichen leisten“, heißt es im Editorial der ersten Nummer, und weiter: „Eine Zeitschrift vermag hierzu die Basis verbreitern, indem sie, wo Verständigungsbereitschaft vorhanden ist, auch ein Verständigungsmittel schafft.“ Männer wie Wilhelm Dantine sen., Günther Feuerstein, Ferdinand Klostermann, Helmut Grieß, Günther Nenning und Oswald Oberhuber haben das Blatt unterstützt.

Der Hinauswurf der Redaktion war natürlich mit einem Bruch in der Hochschulgemeinde verbunden. „Diesen Einschnitt hat die KHG bis heute nicht verarbeitet. Sie ist noch immer hilflos im Umgang mit Dissidenten“, sagt Gemeinderat Hawlik, der jetzt froh darüber ist, daß er bei der ÖVP landen konnte: „Wenn man sieht, daß in Parteien Leute ausgeschlossen werden, wenn sie anderer Meinung sind, dann ist die ÖVP ein toleranter Boden.“ Zu der Zeit, als sich Hawlik noch innerhalb der KHG engagiert hatte, war es dort geradezu verpönt, sich politisch zu betätigen: „Man wollte sich ganz bewußt von der oberflächlichen Biertischpolitik des CV unterscheiden. Wichtig war die Frage, welche Stellung die Wissenschaft innerhalb der Gesellschaft hat.“ Das große Vorbild war Hans Tuppy, nach 1945 Mitbegründer der Freien Österreichischen Studentenschaft (FÖST), heute Professor für Biochemie und Präsident der Österreichischen Akademie der Wissenschaften.

In der Atmosphäre der intellektuellen Spiritualität war für Frauen, die nicht bereit waren, die traditionellen Rollen als Kaffeeköchinnen und künftige Ehegattinnen einzunehmen, kein Platz. „Die KHJ war eine sehr starke Männergesellschaft, gescheite Frauen waren dort kaum zu finden“ (Hawlik). Trautl Brandstaller erinnert sich sogar noch an einen elitären Diskutierclub, den „Thomas-Morus-Club“, in der KHG, in den Frauen überhaupt nicht hinein durften.

Für Hawlik, der einige Nächte bei den Demonstranten in der Au war, ist „die Jugend heute ein bißl menschlicher als wir es waren. Früher mußte man einen Leistungsnachweis erbracht haben, mußte Marcuse, Adorno, Horkheimer und den jungen Marx gelesen haben. Jetzt ist das nicht mehr der Fall, man ist toleranter geworden, und daher sind auch alle Generationen und Schichten in der Bewegung vertreten.“ Der Wohlstand, meint Hawlik, sei der jungen Generation heute weniger wert, weil er ihr selbstverständlich ist: „Was früher richtig war, ist heute falsch, man braucht nur zu bedenken, was für einen Fortschritt Kaprun bedeutet hat und was jetzt Hainburg ausgelöst hat. Manche kapieren den Wandel der Prioritäten nicht.“ An den Pessimismus der vielzitierten „No future Generation“ glaubt Hawlik nicht: „Ich habe zumindest bei den jungen Leuten einen starken Optimismus gefunden. Ablehnung bedeutet ja auch, daß man einen Wert, den es zu erhalten gilt, erkannt hat. Das ist eine sehr verantwortungsbewußte soziale Haltung.“

Sonderfall Frauen

Die 68er-Bewegung wurde eindeutig von Männern dominiert. Emanzipation war in den späten sechziger Jahren kein Thema. Die traditionelle Form der privaten Beziehungen wurde kaum in Frage gestellt; die Rolle der Frau blieb die vorgegebene: Man heiratete, um aus dem Elternhaus auszuziehen. Verhütungsmittel waren noch keineswegs selbstverständlich. Der Druck moralischer Instanzen, etwa der Kirchen, dauerte an.

Ein gesondertes Kapitel über die – wenigen – mithandelnden Frauen erscheint mir deshalb angebracht, weil für sie Themen wichtig waren oder spätestens Anfang der siebziger Jahre wichtig wurden, die für viele Männer bis heute tabu sind.

Auffallend in den Gesprächen war für mich eines: Die Frauen erklärten mir nicht die Theorien der sechziger Jahre, sondern alle sprachen von ihrer persönlichen Entwicklung.

„Wir haben alle . . . nach einem anderen Leben gesucht"

„Als Frau habe ich mich bei den Maoisten nicht unterdrückt gefühlt. Der Vietnamkrieg hat mich weitaus mehr beschäftigt als die Frauenfrage", erinnert sich die Buchhändlerin Brigitte Herrmann an ihre studentenbewegte Zeit. Damals, 1968, habe sie der Spruch „Alles Politische ist privat und alles Private ist politisch“ fasziniert: „Mir war damals nur klar, daß ich nicht das Leben meiner Mutter führen möchte. Wir haben alle angestrengt nach einem anderen Leben gesucht.“ Mit ihrer Rolle als Frau setze sie sich jedoch erst jetzt, mit 40, bewußt auseinander.

Auch Heidi Straka-Zotter, in den sechziger Jahren für das Referat „Politische Bildung“ an der ÖH der Grazer Universität zuständig, erinnert sich nicht, im Bereich der politischen Aktivitäten an einen Punkt gestoßen zu sein, „wo ich etwas nicht tun hätte können, weil ich eine Frau bin“. Weitere Fragen gestattet sie mir nicht mehr: Heidi Straka-Zotter ist in Eile, weil sie an einem Arbeitsgespräch mit Frauenstaatssekretärin Johanna Dohnal teilnehmen möchte.

„Die Frauen wurden in den sozialistischen Studentenheimen nicht aufgenommen, weil die Studenten dagegen waren und gesagt haben: ‚Die stören uns beim Studieren‘.“ Peter Bachmaier, 1967 Obmann des Grazer VSStÖ und vier Jahre lang Redakteur der Verbandszeitschrift „zeilen“, versteht rückblickend seine eigene Generation nicht mehr.

„Die Rollenverteilung wurde in der KHJ gar nicht problematisiert. Wenn zwei öfter miteinander gesehen wurden, bestand geradezu ein Zwang, diese Verbindung zu legalisieren. Ich bin mir wie ein Spinner vorgekommen, weil ich die Ehe und Familie für mich abgelehnt habe und einen soliden Beruf erlernen wollte“, erzählt Trautl Brandstaller, 46, damals noch „Kathpress-“ und „Furche“-Redakteurin, heute leitende Redakteurin im ORF.

Fast alle 68er, mit denen ich gesprochen habe, vorwiegend die männlichen, sind geschieden. „Tagespost"-Chefredakteur Gerfried Sperl sieht den Grund dafür in den gegenseitigen Ansprüchen, die man zu hoch gesteckt habe: „Der Versuch der absoluten Gleichberechtigung ist in der Ehe sehr schwer durchzuhalten. Die Frauen waren alle in der Emanzipationsbewegung, während die Männer noch in den alten Strukturen gesteckt sind."

„... aber die Worte haben gefehlt"

Dieser Widerspruch zwischen politischem Anspruch und konkreter Wirklichkeit war für manche Ehefrauen der Grazer 68er eine besonders leidvolle Erfahrung. Während von ihnen im öffentlichen Leben kaum mehr etwas zu hören ist, haben die Männer Karriere gemacht. „Frauenbewußten" Frauen wurde in einer Kleinstadt wie Graz schnell das Etikett „wilde Emanze" verpaßt. In einer Großstadt ist die Toleranz größer, Nichtangepaßte finden leichter Gleichgesinnte, der soziale Druck ist weniger stark.

So waren es in Wien oft gerade die Frauen, die sich beruflich profiliert haben. Marina Fischer-Kowalski beispielsweise bekam erst kürzlich für ihre Habilitation, die in Graz abgelehnt wurde, von Jürgen Habermas ein hervorragendes Gutachten. Eva Kreisky, 41, leitet die Abteilung für Politikwissenschaften am Institut für Höhere Studien. Silvio Lehmann wiederum nennt seine Ex-Frau Brigitte, Redakteurin beim „Wiener", „eine der führenden Feministinnen in Wien".

Eva Kreisky glaubt nicht, daß die Frauen in Österreich durch die Konfrontation mit den Männern, sondern durch die Literatur aus der Bundesrepublik aufgewacht sind: „Das Thema hat sich nicht aus den eigenen Konflikten entwickelt. Wir haben Bücher gelesen und dann allmählich das männliche Vereinsritual durchschaut. Das Unbehagen war schon in den sechziger Jahren da, aber die Worte haben gefehlt. Erst durch die Literatur hat man eine Sprache gefunden, um im nachhinein erklären zu können, warum man sich nicht wohlgefühlt hat."

Eva hat vorerst begonnen, an der Technik Mathematik zu studieren. Sie war von tausend Studienanfängern eine unter acht Frauen: „Ich habe die joviale Art der Männer derart erniedrigend gefunden, daß ich auf die Uni gewechselt bin. Da waren von den tausend Studienanfängern wenigstens hundert Frauen." Erst die neue Atmosphäre in der Studentenpolitik über das Vehikel Kultur habe die Frauenbewegung möglich gemacht.

1970 sind die Frauen mit Kochlöffeln bewaffnet durch die Mariahilferstraße gezogen; 1972 sprach sich am Villacher SPÖ-Parteitag eine massive Mehrheit für die Fristenlösung aus; ein Jahr später wurde die AUF (Aktion unabhängiger Frauen) gegründet.

Die Ehe mit Kanzlersohn Peter war, so Eva Kreisky, dann „eine legale Form, sich von den Eltern zu trennen". Heute lebt sie zwar geschieden, aber allein mit Sohn Dany. Daß man sich als Frau wehren müsse, war für Eva von klein auf selbstverständlich; sie kommt aus einer galizischen Arbeiterfamilie, erlebte also eine vierfache Diskriminierung: Arbeiterfamilie, links-außen, Frau – und noch dazu eine nicht-deutsche Familie (zu Hause wurde polnisch gesprochen).

Lächelnd erinnert sich Eva an eine Geschichte, die ihr die Großmutter, eine Kuhmagd, statt eines Märchens immer wieder erzählt hat: Einmal hat sie auf einem Ball niemand aufgefordert. Da hat sie sich einen Besenstiel geholt und ist damit allein durch den Saal getanzt.

Eva Kreisky wechselt schnell zwischen den Schilderungen von persönlich Erlebtem und distanzierter Analyse: „Was in der Alternativbewegung heute thematisiert wird, war damals schon da. Jetzt ist die Phase der Bearbeitung all dessen, was damals angerissen wurde. Zuerst gab es die Revolution, dann war die Phase der Subjektivierung der Bewegung, und jetzt ist die Zeit der Psycho-Bewegung und der Frauenbewegung.“ Die Grundstruktur sei immer dieselbe, auch jetzt in der Alternativbewegung werden dieselben Fragen gestellt, aber es werden immer andere Defizite aufgegriffen.

Persönlich habe sie damals gelernt, mit Institutionen anders umzugehen, eine Autonomie in der Institution zu bewahren und sich nicht von Sachzwängen und Konventionen unterkriegen zu lassen. „Momente, die meine Großmutter schon angelegt hat, wurden verstärkt.“ Sie sei nicht mehr bereit, sich zu krümmen, sondern ginge mit aufrechtem Gang durch die Institutionen.

Außerdem sei eine gewisse Offenheit geblieben: „Ich bin 41, weiß aber noch immer nicht, was sein wird, wenn ich 70 bin.“ Man müsse das Unmögliche möglich machen und „Beziehungen anders, offener und ehrlicher gestalten. Konflikte muß man austragen, ich weiche ihnen nicht mehr aus. Das Harmonisierende habe ich überwunden.“

„Frauen werden immer diskriminiert“

Wenn es darum geht, bestimmte Theorien und Vorstellungen in das private und berufliche Leben umzusetzen, sind Frauen oft konsequenter als Männer. Das zeigte sich zumindest bei den Gesprächen, die ich geführt habe.

„Ich habe einen Mann und zwei Kinder verlassen, und wenn man als Frau dasselbe tut, was so viele Männer machen, ist man eine Hexe“, beschreibt Christine Goldberg ihren Zugang zur Frauenbewegung. Vorher habe sie als Kommunistin die Frauenbewegung abgelehnt, „weil sie für uns eine bürgerliche Bewegung war“.

Das große Thema unter den Frauen war in den Jahren 1968 bis 1974 der Paragraph 144. In der Auseinandersetzung um die Fristenlösung wurde zum erstenmal das Tabu „Körper“ politisch formuliert. Untrennbar verbunden mit der Abtreibungsfrage waren Diskussionen um die Sexualität: Wieweit leben die Frauen nach ihrer Lust, oder hat bei ihnen Sexualität nur eine Gebärfunktion? Derartige Fragestellungen brachten zu jener Zeit Frauen verschiedenster politischer Schattierungen zusammen.

Viele, vor allem linke Frauen, zogen aus den politischen Organisationen aus, „weil“, so Christine Goldberg, „uns klar wurde, daß es mit den Männern nicht geht: Frauen werden immer diskriminiert.“ Die Entwicklungen in der BRD hatten dabei eine gewisse Vorbildfunktion: Dort haben sich die Frauen schon früher vom SDS getrennt und einen „Weiberrat“ gegründet. Die Frauen, die nicht mehr daran glaubten, daß man gemeinsam mit den Männern verändern könne, fanden sich alle irgendwann in der AUF wieder. „Ich halte nichts von Phrasen, das war mein Problem in der linken Bewegung und in der Frauenbewegung. Letztlich geht es ja immer nur um Macht“, faßt Christine Goldberg die Erkenntnis, die sie da wie dort gewonnen hat, zusammen. Die AUF hat heute nur mehr als Zeitschrift Bedeutung.

Die Frauen haben ihre Organisationsformen verändert: Dort, wo politisierte Frauen arbeiten, entstanden in den letzten Jahren oft spontan Frauengruppen. Eine solche Gruppe gibt es am Institut für Höhere Studien, wo auch Christine Goldberg arbeitet, immer noch: Sie bemüht sich, in Form eines Netzwerkes – nach dem Vorbild des CV – berufliche Strategien zu entwickeln. Den Frauen geht es dabei um den Austausch von Informationen über Jobs und um eine gegenseitige Unterstützung in der männlich dominierten Berufswelt. Auch Bankfrauen, Wissenschaftlerinnen und Frauen im öffentlichen Dienst haben sich inzwischen zu solchen Gruppen zusammengeschlossen.

In Hainburg war Christine Goldberg „nur aus Zeitgründen“ nicht dabei: „Es fällt mir schwer, auf der naiven Ebene mitzuarbeiten, aber die Lernprozesse sind sehr wichtig und geben Impulse für eine Lebens- und Denkveränderung.“ Erstaunt ist die graduierte Biologin, die beruflich umgesattelt ist und erst kürzlich eine Studie über „Karriere-Frauen“ herausgebracht hat, darüber, daß die Frauen in den alternativen Listen wieder mit den Männern arbeiten wollen: „Es ist doch immer so, daß die Männer bei den Beschlußfassungen reden und die Frauen nicht angehört werden.“

„Heute sitzt das Unbehagen mehr im Bauch als im Kopf“

Bei der Lektüre neuer Frauenliteratur und in den Gruppen der AUF hat auch Trautl Brandstaller die Bestätigung gefunden, daß sie mit dem Unbehagen, das sie schon als Studentin zehn Jahre zuvor empfunden hatte, nicht allein war: „Ich habe mich immer als feministische Linke verstanden, aber mein politisches Bewußtsein kommt nicht aus der Frauenbewegung, es wurde dadurch nur verstärkt und vertieft.“

Sie wurde politisch vor allem durch den von Günther Nenning in den späten sechziger Jahren forcierten Dialog zwischen Christentum und Marxismus geprägt. Bruno Kreisky war für Brandstaller schon damals ein Monument: „Unter Pittermann & Co. war die SPÖ für mich ein uninteressanter komischer Verein. In Kreisky habe ich dann eine Verbindung von Zeitgeschichte und aktueller Politik gesehen.“

Heute kann sich Brandstaller mit den Inhalten der Alternativen gut identifizieren, mit der Art und Weise, wie sie argumentieren, habe sie jedoch Schwierigkeiten: „’68 hat man immer mit dem Büchl in der Hand argumentiert, heute sitzt das Unbehagen in der Gesellschaft mehr im Bauch als im Kopf. Die Debatten sind eher unintellektuell. Dieser Mangel an Intellektualität hat aber auch Vorteile: Die Gefühle sind heute nicht angelesen, sondern viel authentischer. A la longue genügt es aber sicher nicht, zu sagen: Man rettet die Tiere.“

Trautl Brandstaller ist ebensowenig wie Christine Goldberg eine „68erin“ im engen Sinne des Wortes. Dennoch erscheint es mir besonders wichtig, gerade im Zusammenhang mit der 68er-Bewegung über diese beiden Frauen zu sprechen: Die eine kommt aus dem katholischen Bereich, die andere aus der KP. Beide sind in den frühen siebziger Jahren zur AUF gestoßen, der einen wurde die Einengung der Frauen im kirchlichen Milieu, der anderen in den kommunistischen Organisationen bewußt. Die eine spricht mit Sympathie von Erhard Busek, einem alten Freund aus KHJ-Zeiten, die andere vom einstigen FÖJ-Obmann Margulies Schani.

Trotz ihrer unterschiedlichen Sozialisation während der Studienzeit sind die Meinungen der beiden Frauen zu wesentlichen Fragen heute recht ähnlich: Die Erfahrungen, die sie in ihrer jeweiligen Gruppe gemacht, und die Konsequenzen, die sie für sich daraus gezogen haben, sind von ihrer Struktur her austauschbar. Die gegen Frauen gerichteten Mechanismen sind offenbar in allen männlich dominierten Organisationen gleich – ganz egal, welche Fahne dort jeweils geschwungen wird.

Ob Maoistin, Sozialistin, Kommunistin oder ehemalige KHJ-Vorsitzende – alle Frauen, von denen hier berichtet wurde, haben beruflich und privat die vorgegebenen Verhaltensnormen verweigert: Trautl Brandstaller ist Journalistin. Sie übt also jenen Beruf aus, zu dem gerade die 68er aufgrund ihrer politischen Wachsamkeit prädestiniert gewesen wären. Außer Gerfried Sperl („Tagespost“) und Albrecht Konecny („Arbeiter-Zeitung“) scheint heute jedoch kein Name von damals im Impressum einer österreichischen Zeitung oder an einer der Cheftüren im ORF auf: Sensible Schreiber(innen), die noch dazu eine eigene Meinung haben, sind in den österreichischen Medien wenig gefragt. Brandstaller hat sich auf diesen für eine

Frau doppelt schwierigen Job eingelassen – auf Ehe und Mutterschaft dafür aber erst mit 40.

Goldberg wiederum ist – mit Unterstützung ihres Ehemannes, wie sie betont – aus der Ehe ausgebrochen. Sie hat als Biologin die Aufnahmeprüfung am Institut für Höhere Studien geschafft und lebt heute in einer Wohngemeinschaft. Diese Frauen haben sich nicht nur politisch weiterentwickelt: Im Gegensatz zu vielen Männern ihrer Generation haben sie bei der Suche nach einem eigenen Weg nicht aufgegeben.

Steirische Breite

Graz ist so klein, daß jeder jeden kennt. Konflikte können nicht anonym ausgetragen werden; spätestens nach einer Woche trifft man seinen Gegner sicher wieder, diese räumliche Nähe bestimmt die kulturellen Umgangsformen in der Politik: Weil das Ausweichen so schwierig ist und man sich höchstens zeitweilig verstecken, aber niemals verschwinden kann, hat man gelernt, „spielerisch" miteinander umzugehen.

Natürlich hörte man auch in Graz von der chinesischen Kulturrevolution, ihr Einfluß auf die zweitgrößte Universität Österreichs blieb jedoch ein steirisch gefärbter: Auf die Wände wurden Sprüche wie „Klachel ist ein Papiertiegel" gepinselt, die chinesische Übersetzung für: „Kracher ist ein Papiertiger" (Alfred Kracher war zu jener Zeit ein gefürchteter und umstrittener Professor am Germanistischen Institut).

„In Graz gehen die Uhren anders", schrieb Kurt Wimmer, einer der wenigen österreichischen Journalisten, der die Studentenbewegung in seinen Artikeln reflektiert hat, vor der ÖH-Wahl 1965 in der „Kleinen Zeitung". Die Uhren gingen anders, was die Form des Studentenprotestes betraf, und sie gehen noch immer anders: Wurden die meisten Protagonisten der Wiener Studentenbewegung mit irgendwelchen „Projekten" abgespeist oder in ein

Institut abgeschoben, so haben viele Grazer Studentenfunktionäre der sechziger Jahre heute Top-Positionen, entweder in der Wissenschaft oder in der Politik. Daß die meisten bei der ÖVP gelandet sind, war ideologisch nicht vorherbestimmt: Im Gegensatz zur SPÖ, in der die Lagermentalität immer sehr stark war (und noch ist), hat sich die Mutterpartei der steirischen „Aktion" nicht disziplinierend gezeigt, sondern geöffnet. Das wiederum kam der politischen Zielsetzung der „Aktions-Leute" entgegen: War Macht für die Wiener 68er immer etwas „Unkeusches", wie Lehmann es ausdrückt, so wurde sie von einigen Protagonisten der Grazer „Aktion" bewußt angestrebt. Um verändern zu können, sagen sie heute.

„Wir haben an nichts ein gutes Haar gelassen . . ."

Josef Krainer II., damals Assistent an der juridischen Fakultät, brachte, ähnlich wie Peter Kreisky in Wien, seine Freunde mit in das Haus seines Vaters. Der menschlich enge Kontakt ließ Barrieren zwischen den Studenten und dem legendären Landeshauptmann Krainer I., der selbst nie studiert hatte, erst gar nicht aufkommen. ÖVP-Landesparteisekretär Alfred Rainer und sein Nachfolger Franz Hasiba traten immer wieder an die Jungen mit Angeboten zur Mitarbeit heran.

„Wir haben uns mit dem VSStÖ immer besser verstanden als mit den Korporierten", sagt Bernd Schilcher, 45, Universitätsprofessor und Klubchef des steirischen ÖVP-Landtagsklubs, heute. Er hat zwar schon 1964 promoviert, ist aber den Jüngeren auch später noch mit hilfreichen Ezzes zur Seite gestanden.

Seine Entwicklung vom aufmüpfigen Studentenfunktionär zum ÖVP-Spitzenpolitiker begründet er mit einer „gewissen Dialektik“: „Wir waren alle wahnsinnig kritisch, haben an nichts ein gutes Haar gelassen, jede Erscheinung in der Gesellschaft mußte hinterfragt werden. Den Zugang zur Politik hatten wir nur über das Hirn und über Sachthemen, aber zur ÖVP sind wir dann nur über Personen gekommen.“ Die Offenheit eines Hanns Koren, die Persönlichkeit des „alten Krainer“ – das habe eben fasziniert. Vor den Gemeinderatswahlen 1973 wollte Helmut Strobl noch gemeinsam mit den VSStÖlern Tony Scholz, Walter Papousek und Manfred Heindler eine eigene Gemeinderatsliste aufstellen. Das Vorhaben scheiterte – heute ist Strobl ÖVP-Kulturstadtrat.

Keineswegs vorgegeben war auch die Karriere des Gerfried Sperl, 42: Er ist heute Chefredakteur jener Zeitung, die damals ein absolutes Feindbild für alle kritischen Studenten darstellte, der ÖVP-nahen „Süd-Ost Tagespost“.

1965 gründete der damalige ÖH-Vorsitzende Sperl, erbittert über die Machtansprüche des CV und KV im „Wahlblock“, die „Aktion“. Für den RFS war die neue Studentenfraktion eine „linkskatholische Dissidentengruppe“; die „Tagespost“ mutmaßte, ob die sogenannten „Wilden“ unter Umständen nicht „eine Splittergruppe des BSA sein könnten“. „Tagespost“-Redakteur Gerhard Vuckovic (heute Pressereferent der Steweag) siedelte die „Aktion“ gleich vorsichtshalber „östlich von Peking“ an.

Dabei waren die Aktivisten der „Aktion“ zwar Rationalisten, aber keineswegs ideologisch fundiert. „Links von rechts und rechts von links“ lautete ihr Slogan; für die Linken waren sie „scheißliberale Freunde“ (Schilcher), und die Konservativen waren an ihnen erst gar nicht interessiert.

Noch 1966 kam Sperl begeistert von einem Seminar in Berlin zurück und erzählte seinen Freunden bei einer seiner Teestunden am Donnerstag nachmittag von einem Redner, der ihn besonders beeindruckt habe: „Zwutsche“ oder so ähnlich sei sein Name. Ein Jahr später identifizierten die Grazer den Herrn „Zwutsche“ auf einem Foto von einer Berliner Demonstration: Es war Rudi Dutschke. „In der linken Analyse haben wir uns mit den Marxisten meistens getroffen, aber die linke Therapie hat uns nicht gepaßt“, ortet Schilcher heute die politische Ausrichtung der Gruppe, über die er immer wohlwollend eine Hand gehalten hat. 1970, als sich die „Aktion“ (den Namen hatte der heutige ORF-Abteilungsleiter Kuno Knöbl erfunden) wieder auflöste, sprach Sperl in seiner „Grabrede“ vom „politischen Lumpazivagabundus“, der die Grazer Gegend unsicher gemacht habe. Witz als Form der Resignation?

Die „Aktionisten“ bedienten sich nicht der traditionellen Rebellionsmuster, sie spielten immer ein wenig. Vor allem Matthias Wabl, Professor für Immunologie in San Francisco, war ein Meister der Symbolsprache: Er schockierte die Heimleiter mit Koffern, in denen er Mädchen in die Studentenheime, in denen damals noch striktes Besuchsverbot für Frauen herrschte, einschleuste. Nachdem an der Wiener Universität die Kunst-„Aktionisten“ Otto Muehl, Günter Brus und Ossi Wiener öffentlich gekackt hatten, nahm er ein „Sühnebad“ in der Mur. Bei der Rektorsinauguration veranstaltete die Grazer „Aktion“ eine „Gegeninauguration“ mit einer Klopapierrolle statt Samtteppich. Die „Rektorskette" überreichten ausländische Studenten als „Weise aus dem Morgenland" in Form von Bananen.

Wabl bedauerte heute, „daß nur der Kirmes in der Erinnerung geblieben ist": „Wir wollten die Verbitterung wegbringen. Es war ja nicht die Zeit, in der die Türken vor Wien gelagert sind, aber einen ideologischen Überbau hatte das Ganze schon. Unsere hochschulpolitische Arbeit hat die Leute nur weniger interessiert, weil sie nicht so griffig war."

Mehr als Schabernack ist auch für Sperl von der damaligen Zeit geblieben. Der Aktions-Gründer möchte sich „im Prinzip" von gar nichts, was er einst vertreten hat, absetzen. Er versuche, so seine Selbsteinschätzung, im Stil „der Amtsführung und Machtausübung" das weiterzuleben, was er sich einmal vorgenommen hat: „Der Grundsatz der Mitbestimmung ist ein Prinzip, an das ich weiterhin glaube." Deshalb versuche er jetzt, als Chefredakteur, auch keine „Keuschheitsgürtel" um sich zu legen. Diese „Polstertürenmentalität", die voraussetzt, daß man sich anmeldet, um zu jemandem durchzukommen, sei ihm zutiefst zuwider. Außerdem fehle ihm nach wie vor der „eingebaute Buckel": „Ein gesundes Mißtrauen gegenüber den Autoritäten ist uns allen geblieben." Mißtrauen auch gegenüber der Konsumgesellschaft: Traditionelle Prestigesymbole seien ihm nach wie vor egal.

Schwieriger wird es bei der Frage, was es für ihn, Sperl, bedeute, jener Zeitung vorzustehen, gegen die einst sein Kompagnon Wabl via Megaphon gewettert hatte. „Ich verhehle nicht, daß ich in den sechziger Jahren gegen diese Zeitung, die gegen alles war, was die Jugendbewegung betraf, gewesen bin.“ Heute sei das jedoch kein Problem mehr: Die steirische Volkspartei sei die einzige regionale Volkspartei, die jemandem wie ihm genügend Freiraum lasse, und ein Sozialist sei er ja nie gewesen. Nur in Wien, unter Erhard Busek, könne er sich noch vorstellen, eine Zeitung zu machen. Ein anderes Bundesland käme aber nicht mehr in Frage.

Sperl kramt in seinem Schreibtisch und zeigt mir einen Artikel aus dem vorigen Jahrhundert: sein Urgroßvater Josef Kulnigg war der erste Chefredakteur der „Tagespost“. Dieser nostalgische Moment sei eben auch ein Grund gewesen, weshalb er sich mit der „Tagespost“, die vor zwanzig Jahren zu den schärfsten Kritikern der „Aktion“ gehörte, hatte anfreunden können. Die „Aufklärergeneration“, wie Schilcher die Freunde aus seiner Jugendzeit nennt, gestattet sich Gefühl. Zumindest, wenn es um Tradition geht . . .

Für eine „Kultur mit allen“

Den Karrieresprung vom Berater im Hintergrund zum Agitator in der vordersten Reihe hat nun – nach Bernd Schilcher und Gerfried Sperl – auch Helmut Strobl, 42, geschafft: Er ist nicht länger Gehirnprothese für jemanden, sondern sitzt seit Jänner ’85 als Grazer Kulturstadtrat selbst am Steuer.

Die ursprünglichen Ziele und das jetzt Erreichte liegen bei ihm jedoch offenbar nicht so weit auseinander wie bei den wenigen einst „Linken“, die ebenfalls hinaufgefallen sind: Windet sich Staatssekretär Erich Schmidt heute mit weitschweifigen, allgemeingehaltenen Abhandlungen um Fragen zu seiner studentenbewegten Zeit herum, so ist Strobl stolz auf seine Vergangenheit.

Ein Satz wie „in der Partei kann man nicht denken", der dem SPÖ-Wirtschaftsfachmann Herbert Ostleitner (einst Wiener VSStÖ-Obmann) von seinen ehemaligen Mitstreitern immer wieder vorgehalten wird, war von Strobl nie zu hören. „Ich verstehe mich nach wie vor als bunter Hund", sagt Strobl und sieht seine Entwicklung bruchlos. Strobl war von 1965 bis 1968 Vorsitzender der „Aktion". Die Studenten trugen weder ein Taferl von Marx noch eines von Mao vor sich her, sondern hielten sich an ihren Slogan „links von rechts und rechts von links". Man war natürlich – wie die VSStÖler in Wien – schon auch gegen den Schah von Persien und wußte auch ein wenig über die Reiskultur in Vietnam. Im Vordergrund standen jedoch die Suche nach Idealen und die Auseinandersetzung mit den Eltern: Die meisten „Aktionisten" kamen aus dem katholischen oder, so wie Strobl, aus dem nationalen Bildungsbürgertum. Die Eltern, gebrannte Kinder ihrer eigenen politischen Vergangenheit, wollten nicht, daß sich ihre Kinder wieder politisch betätigten. „Paß auf, sei lieber still", hieß es zu Hause, was natürlich das genaue Gegenteil bewirkte: Eine besonders politisierte Generation wuchs heran.

Strobl brachte sein politisches Engagement dreimal in den „Häfen": 1968, als man bei der Inauguration des Grazer Rektors ähnliche Zwischenfälle wie in Wien befürchtete, verhaftete man die potentiellen Unruhestifter gleich prophylaktisch. Strobl, der die Nixon-Wahlnacht vor dem Fernsehapparat im Schubertheim verfolgt hatte, wurde wegen „Hausfriedensbruch" gemeinsam mit Gerd Wagner, Matthias Wabl und Hans Doberer festgenommen. Die vier Kumpane vertrieben sich die Zeit in der Zelle mit lautem Gesang, was Strobl gleich noch einmal in den Knast brachte „wegen Erregung vermeidbaren Lärms im Gefangenenhaus“. Außerdem wurde er nach einem Ausbruchsversuch in einer Korrekturzelle „krummgeschlossen“ (mit den Händen und den Füßen am Boden festgeschnallt).

Vom rechtlichen Standpunkt schwerwiegender war dann der Anlaß für die dritte Festnahme 1971. Strobl zettelte eine Demonstration gegen die Erhöhung der Straßenbahntarife an, wobei mit der Staatspolizei ausgemacht worden war, daß sich die Demonstranten nicht auf die Schienen setzten. Strobl verlor die Demonstration aus dem Griff, es herrschte das totale Chaos. Gemeinsam mit dem Odörfer-Betriebsrat Franz Puschnigg (KPÖ) wurde er wegen „Aufruhr“ ins „Landl“ gebracht. Landeshauptmann Josef Krainer I. intervenierte für Strobl, der damals schon für die ÖVP Schulungen leitete – die U-Haft dauerte nur drei Tage.

„Wer in der Studentenbewegung tätig war, zehrt heute noch von der Erinnerung“, sinniert einer der Wegbereiter der „Aktion“, Hans Preiner. Für Strobl jedenfalls ist die Vergangenheit noch sehr lebendig; die Brüche in der anscheinend bruchlosen Entwicklung vom „Revoluzzer“ zum Spitzenpolitiker sind ihm bewußt: „Einer der Rechtfertigungsgründe, warum ich zur ÖVP gegangen bin, war der alte Koren. Ich habe mir gedacht, wenn der von seiner eigenen Partei angegriffen wird, dann kann ich auch dabei sein.“

Seit 1975 ist er Mitglied der ÖVP, bei der Gemeinderatswahl 1978 stand er bereits auf der Liste der Grazer ÖVP. Heute ist er froh darüber, daß er nicht gleich, sondern erst im nächsten Jahr in den Gemeinderat gekommen ist: So mußte er nie für Bürgermeiser Alexander Götz stimmen, was ihm schwergefallen wäre. Aber Franz Hasiba, der habe ihn eben fasziniert: „Weil er nicht nur zugehört, sondern auch zugelassen hat.“

Als Stadtrat für Kultur- und Wohnungswesen wolle er sich an den Frankfurter SPD-Stadtrat Hilmar Hoffmann halten. Strobl möchte allerdings noch weiter gehen als Hoffmann. Der hat ja bekanntlich ein Buch mit dem Titel „Kultur für alle“ geschrieben. Strobls Utopie ist eine „Kultur mit allen“. Er möchte erreichen, daß mehr Leute aktiv werden, wobei natürlich „das kulinarische Genießen“ nicht wegzudenken ist.

„Es ist ein Kraftakt, eine Utopie anzustreben und zu wissen, daß man sie nicht erreichen kann.“ Dem Pazifisten Strobl, der vor 15 Jahren gemeinsam mit Günther Nenning und Wilfried Daim für die Auflösung des österreichischen Bundesheeres kämpfte, sind „Sachzwänge“ nicht mehr fremd: „Als ÖVP-Funktionär werde ich mich zum Pazifismus nicht äußern.“

Viele seiner Ziele seien mit den Grünen deckungsgleich, aber deren Strategie sei falsch: „Sie machen eine naive Politik. Wenn sie geschickter wären, könnten sie sich die etablierten Parteien zu Partnern machen.“ Strobl hat jetzt jedenfalls die Chance, eine etablierte Partei zu verändern.

In das politische System integriert

Ein Zellennachbar von Helmut Strobl im Polizeigefängnis war Wolfgang Pumpernig, 37: Auch er wurde 1968 als „potentieller Unruhestifter“ vor der

Inauguration in Polizeigewahrsam genommen. Heute sitzt Pumpernig als entwicklungspolitischer Referent der Landesregierung in der Grazer „Burg“.

In den sechziger Jahren hat „Pugi“, wie er von seinen Freunden immer noch genannt wird, der steirischen Studentenszene Farbe verliehen, ohne jemals irgendwo dabeigewesen zu sein: Er war ein Sponti, bevor es „die Spontis“ gegeben hat.

Das Graben in Erinnerungen macht dem Landesbeamten im Steireranzug zwar Spaß – aber der Spaß daran ist ihm auch peinlich: „Das ist ja wie ein Kameradschaftsbundtreffen“, distanziert er sich von seinen studentischen Streichen, um sie dann doch lustvoll zu erzählen.

Einmal, da ist er am Heimweg vom Pammerbad am Begräbnis eines alten Universitätsprofessors vorbeigekommen: „Es war so steif, da habe ich mich ruhig und diszipliniert unter die Leute gestellt.“ Er war allerdings nur mit einer Badehose bekleidet, und die Trauergäste haben dementsprechend zu murren begonnen. Pumpernig wehrte die Attacken mit der „Bitte“ ab: „Lassen Sie mich in meiner Trauer allein.“ Zu solchen Aktionen steht der Landesbeamte heute freilich nicht mehr.

Noch immer ganz amüsant findet er hingegen seine Stofftieraktion: Einmal hatte er in der Vorlesung eines Professors in der ersten Reihe lauter Stofftiere aufgestellt. Auf die Frage des Gelehrten, warum er dies getan habe, antwortete Pumpernig: „Ich erzähle den Stofftieren zu Hause immer, welchen Blödsinn Sie reden, jetzt habe ich sie mitgenommen, damit sie's auch glauben.“

Ein „Schlüsselerlebnis“ für Pumpernig war dann ein Seminar bei dem Theologieprofessor Paul Asveld: „Wir haben uns über eine Stunde lang im Streit angebrüllt“, der Professor hat mit Kreide auf den aufmüpfigen Studenten geschossen. Im nächsten Seminar war man aber wieder versöhnt und hat einen „positiven Kontakt“ fortgesetzt.

Ein anderes Mal wieder hat Pumpernig gemeinsam mit seinem Freund, dem Dominikanerpater Manfred Kniewasser (heute rechte Hand von Caritaspräsident Leopold Ungar), bei einer Prozession der Legio Mariä Flugblätter verteilt, auf denen aufgelistet war, was zur selben Zeit an Grausamkeiten und Verleumdung auf der ganzen Welt passierte.

„Was wir wollten, haben wir überhaupt nicht gewußt. Vier Leute fangen am Gehsteig zu reden an, und eine Stunde später ist ein Hörsaal mit 400 Leuten besetzt – das ist ein tolles Erlebnis, da kommt man sich wichtig vor.“ Pumpernig wehrt sich gegen jede Interpretation von außen. So wie es ihm, dem Sohn des ÖVP-Gemeinderates Eduard Pumpernig, schon immer unangenehm war, wenn er als Gegenspieler des linken Paraderedners Herbert Sebastian, Sohn des ehemaligen SPÖ-Landesrates Adalbert Sebastian, genannt wurde: „Der hat immer die Öffentlichkeit gesucht, ich war immer sehr sensibel gegenüber Publicity.“

Als Pumpernig dann, im Sommer 1968, in den Auslagen deutscher Buchläden Stalin aufgelegt sah, war es bei ihm mit der Sympathie zur Studentenbewegung vorbei. Konsequent denkt denn auch Pumpernig heute anders als die meisten bundesdeutschen 68er: „Ich bin ein dezidierter Gegner der Grünen. Die Träumereien und Gedanken von damals haben mir beruflich gar nichts gebracht. Aber eines habe ich gelernt: Wenn eine Lehre nur an der Wahrheit orientiert ist, dann ist sie nicht kompromißfähig. Die Auseinandersetzung zwischen den Fundamentalisten und den Reformisten bei den deutschen Grünen halte ich für gefährlich. Ich bin ein völliger Pragmatiker geworden. Die sozialistischen Experimente in der Entwicklungspolitik sind alle in die Binsen gegangen, von Tansania über Mosambik bis Angola. Am besten sind die Länder dran, die einen pragmatisch-politischen Weg verfolgen, wo Effizienz und Produktivität Werte darstellen. Ich sympathisier’ mit dem Reformismus. Meine letzte fundamentalistische Frustration habe ich mit Khomeini gehabt.“

„Und Hainburg?“ versuche ich den kosmopolitischen Denker wieder an das Hier und Jetzt zu erinneren. Kurze Pause. Pumpernig sucht nach Worten: „Hainburg ist was ganz Prinzipielles und Schmerzliches. Der Staat kann seine Entscheidungen nicht mehr vermitteln und erweckt den Eindruck, eine Lobby sei bei der Entscheidungsfindung ausschlaggebend. Jetzt haben die Leute gesehen, was sie erreichen, wenn sie protestieren, und sie werden es weiter tun. Die Spielwiesentheorie stimmt nicht. Man muß den Leuten faire Mitgestaltungs- und Mitwirkungsmöglichkeiten bieten, dann funktioniert es. Wie mit uns, so sollte man mit den Grünen verfahren. Das politische System muß aufpassen, daß es nicht seine besten Köpfe an diese Bewegung verliert.“

Pumpernig jedenfalls ist in dieses System schon längst integriert.

„Sie haben so lange gestrampelt, bis sie die Windeln los waren . . .“

Obwohl der Abstand von der Grazer „Aktion“ – einer radikal-demokratischen, aber doch bürgerlichen Gruppierung – zur ÖVP geringer war als der von der „Neuen Linken“ in Wien zur SPÖ, verweigerten auch manche Steirer den Schritt hin zur Partei.

Einige schlugen die Hochschullaufbahn ein und kamen dort zu höheren Ehren, wie etwa Michael Maitzen, der heute als Astronomieprofessor an der Universität Wien lehrt, oder Matthias Wabl. Andere wieder gingen mehr in Richtung „links“: Fritz Königshofer (heute in der Computerabteilung der Weltbank in Washington beschäftigt und mit der Tochter des stellvertretenden Grazer Stapo-Chefs der siebziger Jahre, Hans Hermann, verheiratet) gründete gemeinsam mit Herbert Pschenitschnik alias Bert Nichols (heute Sekretär des SPÖ-Finanzlandesrates Christoph Klauser und Pressechef des „steirischen herbstes“) das „Institutsvertreterzentrum“, eine Nachfolgeorganisation der „Aktion“. Eine dritte Gruppe ehemaliger „Aktionisten“ schließlich hat sich einen Namen in der Wirtschaft gemacht: Fritz Kleiner betreibt ein lukratives Steuerberatungsbüro in Graz, und Günther Gfrerer, der sich bemüht hat, die „Aktion“ auch in Linz zu installieren, war bis vor kurzem Geschäftsführer der „Wien-Film“.

„Für die Grazer war die Studentenbewegung eine zweite Pubertät. Sie haben so lange gestrampelt, bis sie die Windeln los waren. Dann haben sie sich Hosen angezogen und sind in die gegebenen Pfründe marschiert“, ätzt der einstige Wiener „Aktions"-Mann und heutige Filmemacher Bernhard Frankfurter, dem die steirische Mentalität immer zu „logistikfeindlich" war. Die Diagnose mag zum Teil berechtigt sein, bei einem Protagonisten der Grazer „Aktion" schlägt sie jedoch völlig fehl: Gerd Lau, 42, war der einzige ÖH-Vorsitzende, den die „Aktion" jemals gestellt hat (vom Februar 1967 bis zum März 1968). Lau studierte Deutsch und Geschichte. Vor seiner Lehramtsprüfung bekam er einen Bescheid der Prüfungskommission, in dem ihm mitgeteilt wurde, daß die Professoren Hausmann, Wiesflecker, Novotny und Hampl befangen seien und sich weigerten, ihn zu prüfen. Es kam zu einer Machtprobe, die Unterrichtsminister Theodor Piffl-Perčević zugunsten des Studentenvertreters entschied: Gerd Lau mußte in Graz geprüft werden.

Später, 1971 bis 1977, brachte ein Forschungsprojekt über linguistische Datenverarbeitung Lau nach Bonn: „Dort habe ich theoretisch nachvollzogen, was ich in Graz gefühlt habe", sagt er heute. Der „Eierkopf", wie die Grazer den harten Denker genannt haben, ist dann von der Wissenschaft in die Schule gewechselt, „weil es dort lebendiger ist und weil ich auch Kritik an der Bevölkerungsüberwachung übe, die über eine undemokratische Datenverarbeitung möglich ist".

Jetzt könne er an einem Gymnasium in Salzburg und an der PÄDAK, wo er das Freifach „Ausländerpädagogik" unterrichtet, „trotz" seiner aufgeklärten Ansichten ruhig arbeiten und fühle sich gut eingebettet: Er habe viele Freunde bei den Grünen, den Katholiken und den „wirklichen Linken" in der SPÖ. Lau betont seinen guten Kontakt mit der Katholischen Hochschulgemeinde Salzburg und erzählt von einem Projekt Hühnerfarm in Biafra, an dem er sich beteiligt. Er könne sich auch vorstellen, wieder in die Politik einzusteigen, aber er würde nur noch „regional bezogen, im Austausch mit Leuten, die einen kontrollieren“, arbeiten.

Matthias Wabl, eine der schillerndsten Figuren in der Grazer „Aktion“, betrachtet heute nicht nur seine eigene Vergangenheit, sondern auch Österreich aus der Ferne: Seine Bewerbungen an den österreichischen Hochschulen blieben unbeantwortet. Schneller als die heimischen Universitätsbeamten haben die Kollegen in San Francisco reagiert: Wabl lehrt seit November 1984 in einem der Zentren der einstigen Studentenbewegung, in dem, wie er ironisch bemerkt, zur Zeit auch eine „feierliche Stille herrscht“.

Auch für ihn, den zweitältesten unter den fünf Wabl-Brüdern, sind heute andere Qualitäten wichtiger als die, für die er sich als „Aktions“-Mann stark gemacht hatte: Er hat sich in die Wissenschaft zurückgezogen und versucht, „die Natur und die Welt zu verstehen, die von anderen kaputtgemacht wird“. Er sei pessimistisch geworden, was die Machbarkeit anlangt, meint er heute. Schließlich habe er als Student erlebt, wie man sich die Köpfe heißdiskutiert hat, während sich das Establishment, das an der Macht war, nicht aufhalten ließ, im selben Trott weiterzumachen: „Wir haben gedacht, die Konzepte wirken von selbst, aber das war nicht so.“ Erkenntnisse in der Wissenschaft zu finden, ist Wabl heute wichtiger als politisch aktiv zu sein, weil „die Erkenntnis bleibt, während politische Episoden durch Trivialitäten aus der Erinnerung verdrängt werden“.

Er habe sich mit 24 aus der Studentenpolitik zurückgezogen, weil er gemerkt habe, daß sein Wissen verbraucht war. „Wenn ich weitergemacht hätte, wäre ich wahrscheinlich eines Tages irgendwo engagiert worden, vielleicht in der Wirtschaftskammer.“ Der Witz, die Ironie sind Wabl im wissenschaftlichen Labor jedenfalls nicht abhanden gekommen, und auch nicht das politische Denken, das er selbst als das größte Verdienst der studentenbewegten Zeit erachtet: „Wir waren ein starker Diskutierklub, so ein ‚Club Voltaire‘. Vorher hat es nur Stammtischdiskussionen gegeben.“

Inhaltlich ist der Biologe Wabl mit den Grünen natürlich völlig einverstanden, aber ihr politischer Ansatz ist für ihn zwiespältig: „Entweder sie gebärden sich wie Napoleon, oder sie bleiben klein. Dann verzichtet man auf Stärke.“ Er wisse auch nicht, wie man das Dilemma lösen könne: „Ich bin immer im Zweifel, was das richtige ist.“ Wabl kann sich dieses Eingeständnis leisten, er hat keine politischen Karrieresprünge und damit verbundene Kompromisse zu verteidigen.

Ein Satz, den keiner der 68er, wohin auch immer er sich jetzt zurückgezogen hat, vergißt, kommt auch von Wabl: „Wenn ich erkennen würde, daß ich politisch wieder etwas bewirken könnte, dann würde ich es auch wieder tun.“

Politisch wachsam sind sie alle geblieben, auch dann, wenn sie – wie Lau und Wabl – die politische Karriere verweigert haben.

Ins Eck gedrängt

Im Juni 1962 kam Wissenschaftsminister Heinz Fischer, damals noch ÖH-Funktionär, nach Graz und fragte seine Freunde im VSStÖ: „Wie habt’s ihr das geschafft?“ Kurz darauf trat Günther Horvatek, heute Landesparteisekretär der steirischen SPÖ, aus dem Verband aus. Warum?

Vier Jahre bevor die „Linken“ im VSStÖ auf Bundesebene die Mehrheit erreicht hatten, übernahmen sie bereits in Graz das Steuer. Diesem „Linkskurs“ wollte sich Horvatek denn doch nicht anschließen. Die neuen Obmänner hießen Johannes Moderbacher (heute Professor an der PÄDAK) und Walter Papousek (heute Physikprofessor an der TU und Grazer SPÖ-Gemeinderat).

Die Jüngeren „werkelten“ vorerst noch im Hintergrund: Peter Bachmaier (heute Referent für Kulturbeziehungen am österreichischen Ost- und Südosteuropa-Institut in Wien) gab die „zeilen“, damals die einzige linke Studentenzeitung in Österreich, heraus; Heidi Straka-Zotter (heute UB-Angestellte) pflegte internationale Beziehungen und forcierte die politische Bildung an der ÖH, Manfred Heindler (heute Physikprofessor an der TU) profilierte sich politisch als Fachschaftsvertreter.

Androsch-Freund Rudolf Streicher (heute Vorstandsdirektor der Austria Metall AG), zur selben Zeit VSStÖ-Obmann in Leoben, wollte von den „Linken“ in Graz nicht länger Genosse genannt werden. Er sei für sie der „Herr Streicher“, korrigierte er Heidi Straka einmal anläßlich dieser parteiüblichen Anrede.

Papousek bezeichnet Josef Hindels als seinen „politischen Vater“: „Seine Broschüren haben wir gefressen.“ Mit der Landespartei lag die neue Führungsgarnitur im VSStÖ im permanenten Clinch: Da die „zeilen“ zu wenig brav waren, ließ der damalige Landesparteisekretär Walter Gratsch die

Studenten nicht mehr an die Vervielfältigungsmaschinen der Partei heran.

Dennoch konnte Papousek, nachdem er sich sechs Jahre lang politisch abstinent verhalten hatte, 1973 vom Bildungsreferenten der steirischen SPÖ, Hans Knoll, wieder für die Partei gewonnen werden. (Nach internen Streitereien über die Haltung, die man gegenüber den Israeli nach dem Sechs-Tage-Krieg 1967 einzunehmen habe, wurde der VSStÖ in Graz politisch bedeutungslos.)

Papousek, 47, der sich in den letzten Jahren vor allem mit Energiepolitik beschäftigt hat, begründet seine Treue zur SPÖ mit einer starken emotionalen Beziehung, die er als Eisenerzer Arbeiterkind zu dieser Bewegung habe: „Ich habe mich entschlossen, nicht bei der Alternativen Liste mitzuarbeiten, weil gerade die großen Parteien Leute brauchen, die neue Politikinhalte einbringen. Es wird auch weiterhin ohne die großen Parteien und ohne den ÖGB nicht gehen.“ Außerdem wolle er nichts „besonders Revolutionäres, Neues, sondern nur das, was im Programm steht“. Sein Anliegen ist es, die innerparteilichen Strukturen aufzubrechen und die innerparteiliche Demokratie zu verstärken: Bei den Themen Abfangjäger, Zwentendorf und Hainburg habe sich gezeigt, daß der Willensbildungsprozeß von oben nach unten gehe und nicht – wie es sein sollte – von unten nach oben.

Wobei, so Papousek, es bei einer „ordentlichen Energiepolitik“ zur Frage Hainburg erst gar nicht gekommen wäre: „Erst wenn man die Möglichkeiten des Energiesparens ausgenützt hat, kann man über ein Kraftwerk reden. Dann allerdings käme für mich Hainburg vor Zwentendorf und vor einem kalorischen Kraftwerk dran.“

Mit sichtlichem Stolz erzählt Papousek, daß sich sein Sohn bereits wieder im VSStÖ engagiere: „Ich habe durch die Studentenpolitik zwar zwei Jahre länger für mein Studium gebraucht, aber ich bereue es nicht. Ich habe dort viel gelernt, was zwischenmenschliche Beziehungen und Organisatorisches anlangt. Ich halte jetzt auch meinen Sohn nicht zurück."

Für Peter Bachmaier, den Chefideologen des damaligen VSStÖ, stellen sich alle Fragen ein wenig komplizierter dar. Nach der Mittelschulzeit in zwei Stiftsgymnasien ist er aus Widerstand „gegen diese autoritäre Erziehung" zum VSStÖ gegangen: „Ich habe nach anderen Idealen gesucht, obwohl ich die Ideale des Evangeliums deshalb nicht verworfen habe." Er hat dann auch Themen wie „Sozialismus und Christentum" im Verband zur Sprache gebracht und Diskussionen mit der KHJ arrangiert: „Die waren die einzigen, die mit uns geredet haben."

Bachmaier nimmt heute oft das Wort „Enttäuschung" in den Mund: Als Slavistik-Student hatte er ein Jahr (1967/68) in Moskau studiert und kam gern wieder nach Österreich zurück. Enttäuschung über die sowjetische Invasion in der ČSSR, Enttäuschung über das Scheitern des Pariser und des Belgrader Aufstandes, Enttäuschung über das Scheitern der antiautoritären Bewegung in der Bundesrepublik.

Dennoch: „Die 68er haben richtige Fragen gestellt, die bis heute nicht beantwortet sind. Ich glaube nicht, daß in der Geschichte unseres Landes die 68er-Bewegung als Fußnote aufscheinen wird, sondern als Neubeginn, der erst in späteren Jahren einmal vollendet sein wird. Ich glaube nicht, daß alles vorbei ist." Er selbst sieht zur Zeit jedoch keine politische Bewegung, wo er mitarbeiten könnte. Bachmaier versucht sein politisches Interesse, wie er sagt, „wissenschaftlich aufzuarbeiten“.

„Ich engagiere mich bei dem Solidaritätskomitee für nationale Minderheiten“, fügt er leise hinzu. So, als müßte er sich rechtfertigen.

Der Protest in der Kunst

„1968 wurde der Mensch zum erstenmal als Dialogpartner, als Teil des Kunstwerkes und nicht als draußen stehender Konsument ernstgenommen. '68 war die Frage, wird der Mensch mitmachen, oder verweigert er sich. Heute wird er kontrolliert und kann sich nicht mehr entscheiden, ob er dabei sein will, oder nicht. Er gehört auf jeden Fall dazu."

(Richard Kriesche)

Eine spezifisch österreichische 68er-Bewegung hat es nicht gegeben: Die Wellen eines weltweiten Aufbruches sind mit Verzögerung und in abgeschwächter Form an unsere Universitäten herangekommen; Persönlichkeiten wie Dutschke oder Cohn-Bendit, die Massen mobilisieren und Demonstrationen anführen konnten, haben hierzulande weitgehend gefehlt.

Anders verhielt es sich in der Kulturszene jener Jahre. Zweifellos unter dem Einfluß der Studentenbewegung artikulierten die Künstler ihren Unmut. Die Formen dieses Protestes – er hat sich sprachlich und in Aktionen ausgedrückt – sind jedoch im Unterschied zur Studentenbewegung typisch österreichisch. Ob in den frühen Dramen Peter Handkes, die zu jener Zeit entstanden sind, oder im „Wiener Aktionismus", der gerade 1968 eine Hochblüte erfahren hat: Diese künstlerischen Ausdrucksformen spiegeln Österreich in seiner ganzen Tradition wider. Sie deuten gleichzeitig aber auch eine Weiterentwicklung an. Vielleicht ist das mit ein Grund dafür, daß gerade Künstler wie Peter Weibel und Richard Kriesche den Grünen und Alternativen gegenüber besonders skeptisch sind.

Der Kampf um den Menschen

1969 brach ein Feuer in der Aula der Universität Graz aus: Die Staatspolizei kam und sah im wahrsten Sinn des Wortes rot: In dem ehrwürdigen Saal standen rote Skulpturen! Für sie lag der Schluß nahe, daß wieder einmal „subversive Kommunisten“ am Werk gewesen seien. Tatsächlich aber wollten die beiden Videokünstler Richard Kriesche und Peter Weibel eine gesamtheitliche Sicht des Lebens demonstrieren: Sie isolierten den Duft von Heu, spritzten Heuhiefler mit roter Farbe an und sprayten Heuextrakt in den Raum, während über den Lautsprecher permanent zehn Thesen zur Kunst vorgetragen wurden. Die rote Farbe sollte Aggressivität und Wandlungsfähigkeit signalisieren. Heute sei die Zeit für solche Aktionen vorbei, meint Kriesche: „Das Versprechen, daß die Künstler zuerst in die Öffentlichkeit und dann wieder zurück ins Museum gehen werden, hat sich jedoch nicht eingestellt. Das Museum hat sich nicht verwandelt, sondern verhärtet.“

Kriesche, 45, unterrichtete schon damals an einer Grazer Mittelschule: „Ähnlich wie in der Pädagogik hatte man auch in der Kunst die Absicht, sich an keine Reglements zu halten. Es gibt aber keine Erziehung mehr, wenn es keine Regeln und Übereinkünfte mehr gibt. Die Hilflosigkeit derer, die gesagt haben, die neue Erziehung besteht darin, daß es keine Regeln mehr gibt, wurde ja sichtbar."

Für ihn persönlich sei eine der wichtigsten Erfahrungen jener Zeit die Erkenntnis gewesen, daß auch ästhetisches Handeln zuerst ein soziales Handeln sei und das Ästhetische erst in bezug zum Sozialen und Gesellschaftlichen seine eigentliche Bedeutung bekomme: „Dabei wurde natürlich in Frage gestellt, ob man überhaupt noch als Künstler tätig sein kann. Bei vielen hat sich aufgrund dieser Fragestellung die Kulturarbeit in eine Randgruppentätigkeit unter Ausschluß des Kreativen verwandelt. Die verbal-doktrinären 68er haben den autonomen kulturellen Anspruch nicht gelten lassen. Heute habe ich die Erfahrung, daß man auch im außerinstitutionellen Kulturbereich bestehen kann. Ohne die 68er wäre ich gar nicht auf die Idee gekommen, dort tätig zu sein."

Überhaupt, so Kriesche, wäre er auf sein heutiges Thema, nämlich Kunst und Lebenswerk zusammenzubringen, ohne die Stimmung der 68er-Bewegung nie gekommen. Seine Weltansicht habe sich jedoch erst Anfang der siebziger Jahre in London verändert: „Ich habe den Eindruck, daß in Graz von dem, was rundherum passiert ist, nicht viel wahrgenommen wurde. Es gab hier keinen Prozeß der Bewußtseinsänderung, es ist immer nur typisiert worden: Wenn Handke wegen seiner langen Haare angefeindet wurde, dann ist er als Phänomen Handke begriffen worden. Es war eine beschauliche Situation, man hat nur beobachtet, was draußen los ist, aber abgespielt hat sich hier nichts. Teilnehmen war nicht gefragt. Es gab zwar den eingestandenen Wunsch, etwas Neues zu betreten, aber es war ein Wunsch mit eingebauter Bremse."

Schon 1970/71 hat sich Kriesche, damals in England, mit dem Thema Ökologie auseinandergesetzt: Gemeinsam mit Kollegen hat er Berge leerer Flaschen von einem Lastauto vor die Türen der Getränkefirma „Schweppes“ geworfen. Dieselben Künstler haben mit Müll eine Ausstellung gemacht und aus weggeworfenen Filmresten einen neuen Film hergestellt.

Jetzt kritisiert Kriesche von allen meinen Gesprächspartnern die Grünen und Alternativen am heftigsten: Ihm fehlt bei ihnen die Dimension, die auf etwas anderes hinweist, er vermißt in der neuen Bewegung den kreativen Schritt, der über das Restaurative hinausgeht:

„In der grünen Diskussion scheint das Wort Kunst nicht auf, das ist mit ein Grund für mich, daß ich ihr mit äußerster Skepsis entgegentrete. Es ist ein vereinnahmender Kulturkampf. Damals, 1968, gab es hingegen sehr wohl den Appell an die Eigengestaltung. Ich wünsche mir eine Gesellschaft, die die Individualisierung in der Organisationsstruktur als Maxime hochhält. Je besser eine Partei organisiert ist, desto höher ist der Grad der Individualität. Eine Partei, die sich nur auf wenig einläßt, ist rein utilitaristisch interessiert. Es ist ein großer Irrtum, anzunehmen, nur im Verhindern die Zukunft beschreiben zu können. Die Grünen haben kein Gesellschaftskonzept. Sie müssen erst das Modell einer Gesellschaft entwickeln, damit man auch bereit ist, etwas dafür zu tun. Die Natur zu schützen, kann kein Religionsbekenntnis sein. Die Grünen zeigen zwar die gegenwärtigen Mängel auf, aber es werden nicht einmal auch nur die geringsten Versuche unternommen, aufzudecken, was noch nicht das Heute ist.“

Nur eine Funktion gesteht Kriesche den Grünen zu: Sie könnten ein Korrektiv für die etablierten Parteien sein, „aber die sind scheinbar zu kaputt, um das zu begreifen“.

Kriesche sieht in der Verbrüderung alter Feinde zu neuen Aktionen ein Zeichen dafür, daß das politische System endgültig in Frage gestellt ist: „Es ist eigentlich gar kein Thema mehr, es ist schon abgeschrieben. Damals, 1969, war das Politische die Diskussion.“

Damals habe es auch eine gegenseitige Sensibilisierung zwischen Künstler und Öffentlichkeit gegeben: „Heute müssen sowohl die Künstler als auch die Grünen den neuen Zustand begreifen und neue Modelle entwickeln. Für die Kulturschaffenden bedeutet das den Verlust der gegebenen Gesellschaftsform und einen sensibleren Umgang mit dem Menschen selbst.“

Ähnliche Töne wie bei Kriesche klingen auch bei Peter Weibel, 40, an. Die 84er-Bewegung hat für ihn die Symptome einer Überläufermentalität: „Für kurzfristige Ziele verbündet man sich mit jedem. Mir ist es unmöglich, mich mit einer Zeitung, die jahrelang die Kultur in Österreich verhindert hat, zu verbünden. Bei dem Thema Natur kann man so leicht übereinkommen, das ist so banal und trivial. Keiner denkt darüber nach, wie man die Demokratie bewahren und die Umwelt schützen kann. Ich glaube, es gibt zur Zeit eine Überläuferkultur, die in der nächsten Zeit unheimlich schädlich sein wird – wenn man sich zum Beispiel mit der FPÖ verbündet, nur um an der Macht zu bleiben.“

Ende der sechziger Jahre gab es in der Wiener Kulturszene drei progressive Gruppen: Den „Wiener Aktionismus“, Reste der Wiener Gruppe um

Oswald Wiener und den Wiener Underground, zu dem vor allem die Avantgardefilmer gehörten. Der starke Druck von außen hat die Künstler damals alle zusammengehalten: „Es war eine unvorstellbare Ignoranz, die uns komplett in den Untergrund, in die Kaffeehäuser getrieben hat", sagt Weibel, in den späten sechziger Jahren einer der Wortführer der „Scene".

1966 wurde das „Institut für direkte Kunst" gegründet: Sein Programm war die Direktgestaltung der Wirklichkeit, so wurden etwa Filme auf die nackte Haut projiziert. Alle Exponenten des „Wiener Aktionismus" – von Hermann Nitsch über Otto Muehl bis zu Günter Brus – gehörten eine Zeitlang diesem „Institut" an: Nachdem den Künstlern der Zugang zu den Institutionen und zur Öffentlichkeit weitgehend versperrt blieb, bildeten sie ein extremes Subkulturproletariat. Erst die Anerkennung, die gerade die „Wiener Aktionisten" und Avantgardefilmer im Ausland erfahren haben, wirkte auf Österreich zurück und rehabilitierte die Künstler, die man vorher als krankhafte Spinner verteufelt hatte.

In den Kaffeehäusern wurde damals eine Menge überlegt und diskutiert: Man plante die Stürzung des Burgtheaters, die Sprengung des „Kurier"-Gebäudes und erwog, in eine TV-live-Sendung einzudringen: „Letztlich sind wir aber nur herumgeschlichen, und passiert ist gar nichts" (Weibel).

Bis auf jene hinlänglich bekannte Veranstaltung „Kunst und Revolution" am 7. Juni 1968. Der SÖS hatte zu einem „teach in" in den Hörsaal 1 des neuen Institutsgebäudes eingeladen. Angekündigt war ein Vortrag mit Diskussion; die Künstler haben die Studenten jedoch bewußt irregeführt: Weibel beschimpfte den damaligen Finanzminister Stephan Koren, Oswald Wiener las eine kybernetische Abhandlung vor, und Günter Brus onanierte, während die Bundeshymne gespielt wurde. Die „Aktionisten“ urinierten um die Wette und verrichteten unter den Klängen von „Gaudeamus igitur“ ihre Notdurft. „Wir wollten damit demonstrieren“, sagt Weibel heute, „daß wir keine Komplizen sind von der Realität, wie sie Österreich geschaffen hat. Wir wollten uns radikal davon absetzen. Wir wollten aus diesem Österreich aussteigen, weil es uns total bankrott und vertrottelt erschienen ist.“

Im Gegensatz zu Oswald Wiener hält Weibel eine solche Provokation nach wie vor für ein taugliches Mittel: „Ich glaube, daß die Schocktherapie richtig war, weil sie einen Liberalisierungsprozeß in Österreich eingeleitet hat. Schöne Manifeste hätten nichts bewirkt.“ In einem Landgasthaus hörte er dann gemeinsam mit Freund Ossi Wiener, wie der Wiener Polizeichef Josef Holaubek via TV der Öffentlichkeit versprach, alle Anstrengungen zu unternehmen, um diese Verbrecher hinter Schloß und Riegel zu bringen. Inzwischen ist Weibel Professor an der Hochschule für Angewandte Kunst und bekannt dafür, daß er seine Studenten gerne warten läßt. Obwohl er heute zwischen mehreren lukrativen Angeboten wählen kann, glaubt er, daß es möglich ist, den Gedanken von einst treu zu bleiben: „Auch wenn man heute sicher versuchen muß, die Ideen von damals auf andere Art zu realisieren. Ich versuche den Glauben von der Freiheit des Individuums weiterzuführen.“

Tauwetter in der Architektur

Ein Bau sollte funktionsgerecht sein: Das war für die Gemeinden und Genossenschaften in den frühen sechziger Jahren das wichtigste Kriterium bei der Vergabe von Aufträgen. Projekte wie etwa die „Großfeldsiedlung" und die Gemeindebauten in Kagran entstanden zu jener Zeit. Hauptsache: Es regnet nirgends hinein, und es ist alles praktisch angeordnet. Die sozialen und psychischen Folgen dieser phantasielosen Betonlandschaften waren weder für die Behörden noch für die Kommerzarchitekten ein „Thema".

Neben der gigantischen Bauproduktion entwickelte sich damals jedoch auch im architektonischen Bereich eine Art „Subkultur", eine „Gegenwelt", wie Friedrich Achleitner[1] es nennt: Achleitner selbst war neben Hans Hollein, Walter Pichler und Günther Feuerstein einer der geistigen Väter jener neuen Architektengeneration abseits des großen Geschäftes.

Günther Feuerstein, 60, schrieb damals im „Kurier" Architekturkritiken und lehrte ab 1966 an der Technischen Hochschule. Insofern hatte er einen besonders starken Einfluß auf die nachkommenden Architekten.

Für die etablierten Professoren war Feuerstein mit seinen unkonventionellen Ansichten bald ein Dorn im Auge: Er gründete ein „Klubseminar", in dem neben künstlerischen Neuerungen auch hochschulpolitisch brisante Fragen, wie die der studentischen Mitbestimmung, diskutiert wurden. Als dem Professorenkollegium dann auch noch zu Oh-

---

[1] In : *Österreich zum Beispiel. Literatur, Bildende Kunst, Film und Musik seit 1968*. Residenz-Verlag, Salzburg–Wien 1982, S. 413.

ren kam, daß er zu einer seiner Vorlesungen Otto Muehl eingeladen hatte, versuchte es der akademischen Karriere Feuersteins schleunigst ein Ende zu bereiten; man erfand eine „lex Feuerstein“: Das Kollegium beschloß, daß ab sofort alle Lehrbeauftragten ein Doktorat haben müßten. Feuerstein promovierte innerhalb kürzester Zeit, und nachdem die formale Frage geregelt war, wurde er unter dem Druck der Presse und der Studenten wieder als Lehrbeauftragter eingesetzt.

Bei der Ausstellung „Urban fiction“ 1967, veranstaltet vom Katholischen Akademikerverband der Erzdiözese Wien, präsentierte Feuersteins „Klubseminar“ seine Vorstellungen von der Stadt der Zukunft; 1968 gab es einen internationalen Kongreß der Architekturstudenten: „Wien am Karlsplatz“. Man war von den neuen Materialien fasziniert, Kunststoff spielte eine große Rolle, die Studenten zeigten konkrete dreidimensionale Objekte: „Wichtig für uns damals war die beträchtliche Begeisterung über technische Errungenschaften, vor allem die Eroberung des Mondes war ein wichtiger Ansatzpunkt für die phantastisch-visionäre Architektur“ (Feuerstein).

Neben den zahlreichen Manifesten und literarischen Beiträgen zur Architektur, die in jener Zeit erschienen sind, und den Lehren Feuersteins wirkte vor allem das bauliche Schaffen der „Arbeitsgruppe 4“ auf die junge Generation anregend. Zu der Arbeitsgruppe, die aufgrund ihrer dreiköpfigen Besetzung gern „Dreiviertler“ genannt wurde, gehörten Wilhelm Holzbauer, Johannes Spalt und Friedrich Kurrent. Die Architekten – sie haben sich inzwischen wieder getrennt – manifestierten in ihren Bauten, etwa der Pfarrkirche in Salzburg-

Parsch oder dem Kolleg St. Josef in Aigen (Salzburg), zum erstenmal eine Veränderung.

Unter dem Einfluß der „Dreiviertler" und entsprechend dem damaligen Zeitgeist schlossen sich dann immer mehr Schüler Feuersteins zu „Experimentalgruppen" zusammen: Eine nannte sich nach dem Kultfilm „Easy rider" „Zünd up", eine andere „Missing link", in Linz formierten sich die „Haus-Rucker" und in Wien die „Coop Himmelblau". Die beiden letztgenannten Gruppen existieren heute noch.

Eine Schlüsselfigur in dieser „Gegenwelt" zur offiziellen Architektur der sechziger Jahre war Monsignore Otto Mauer: In seiner „Galerie nächst St. Stephan" trugen Hans Hollein und Walter Pichler ihre Architekturtheorien bereits 1963 vor. Günther Feuerstein, bescheiden und zurückhaltend in all seinen Ausführungen, betont immer wieder die kulturelle Bedeutung dieses Mannes: „Es war einfach ein Wunder: Ein katholischer Priester, der sich für progressive Kunst engagiert hat! Immer wieder hat er versucht, der modernen Architektur zum Durchbruch zu verhelfen, aber das kirchliche Bauamt war total konservativ. Otto Mauer hat sich die Zähne ausgebissen, um etwas durchzusetzen. Die ‚Galerie nächst St. Stephan' war das geistige Zentrum jener Zeit."

Für Feuerstein hängen die Urformen des Bauens sehr stark mit Religion, mit Fruchtbarkeit und Sexualität zusammen: „Die Psychoanalyse, der ‚Wiener Aktionismus' und die ‚Wiener Schule' der Architektur (Hollein, Pichler, Feuerstein) haben eine gemeinsame Wurzel. Jede Architektur ist mit Prozessen und Geschehnissen verbunden, ist eine Inszenierung, die mit menschlichen Aktivitäten verbunden ist. Die Architektur als Inszenierung, als spirituell-religiöses Ereignis. Aktionismus als Inszenierung, als pseudo-liturgisches Ereignis. Nicht zufällig ist das alles in Wien entstanden."

Für Achleitner ist ein Merkmal der österreichischen Architektur der Gegenwart die Eigenständigkeit regionaler Entwicklung, vor allem aber deren Unabhängigkeit von Wien.[1]

Tatsächlich war die Architekturszenerie der sechziger Jahre in Graz schon von den Möglichkeiten und Formen der Kommunikation her ganz anders als jene in Wien: Die Studenten haben in den Zeichensälen der Technischen Hochschule nicht nur gearbeitet, sie haben dort gelebt. Die Zeichensäle waren Kommunikationszentren und Umschlagplätze für neue Ideen. Das „Forum Stadtpark" wiederum sorgte dafür, daß Literaten, bildende Künstler und Architekten miteinander ins Gespräch kamen. Die Kleinheit der Stadt förderte schließlich den direkten Kontakt zwischen Künstlern und Politikern: Die politische Sensibilität für den kulturellen Aufbruch war daher in Graz wesentlich stärker als in Wien. In diesem Klima war es für die „Grazer Schule" leichter, öffentlich zu arbeiten, als für die „Wiener Schule". So bekam beispielsweise die Arbeitgemeinschaft Günther Domenig und Eilfried Huth, die bis in die Mitte der siebziger Jahre existierte, schon bald Aufträge von Bauherrn, die Projekte und Gelder der „öffentlichen Hand" zu vergeben hatten: Die Arbeitsgemeinschaft plante unter anderem die Pädagogische Akademie der Diözese Graz–Seckau in Eggenberg (1963–1969).

---

[1] Achleitner, a. a. O., S. 434.

Gerade in jünster Zeit ist man in der Steiermark wieder sichtbar um eine Verbindung von Architektur und Politik bemüht. So veranlaßt etwa das Land immer öfter Genossenschaften dazu, Aufträge an phantasievolle und qualifizierte Architekten zu vergeben.

Wittgenstein und Donald Duck

„Jetzt also hören wir es wieder läuten, das Sterbeglöcklein für die Literatur. (. . .) Der Leichenzug hinterläßt eine Staubwolke von Theorien, an denen wenig Neues ist. Die Literaten feiern das Ende der Literatur. Die Poeten beweisen sich und anderen die Unmöglichkeit, Poesie zu machen.“ – Mit diesen Worten kurbelt Hans Magnus Enzensberger im „Kursbuch“ 15, das im November 1968 erschienen ist, eine Diskussion über den „Tod der Literatur“ und eine Neubestimmung ihrer Funktion an.

Zur selben Zeit eröffnete Brigitte Herrmann am Stubenring in Wien ihre Buchhandlung: „Sie war ein direktes Resultat der 68er-Bewegung. Es war nur in dieser Zeit möglich, ohne viel Geld und völlig blauäugig eine Buchhandlung zu gründen“, sagt Brigitte Herrmann, die inzwischen in die Grünangergasse übersiedelt ist, heute. In ihrem Geschäft konnte man Bücher finden, die sonst in Wien nirgends auflagen, man ging aber nicht nur deshalb in den Laden: Die Buchhandlung war und ist bis heute ein Kommunikationszentrum für alle „Bewegten“, für die 68er ebenso wie für die 84er. Ob sich jemand einer Initiativgruppe anschließen möchte oder eine Wohnung sucht – Frau Herrmann weiß immer Rat.

Ich besuche sie während einer Fastenkur im Krankenhaus. „’68 war die schöngeistige Literatur verpönt, wir hielten sie für Zeitverschwendung. Seit ungefähr acht Jahren hat die Belletristik jedoch wieder Aufwind. In letzter Zeit ist aber auch ein starkes Interesse an Theorien, vor allem am französischen Strukturalismus, zu beobachten. Sehr gefragt sind außerdem lateinamerikanische Autoren und Autobiographisches", schildert Brigitte Herrmann den Marktwandel der letzten 17 Jahre. Aber auch die Gespräche, die in ihrer Buchhandlung geführt werden, seien heute ganz anders als damals, erzählt Frau Herrmann: „Die Gespräche sind jetzt viel persönlicher als in den späten sechziger Jahren. Die Stimmung ist weit resignativer, man hat nicht mehr die Vorstellung: ‚Wenn wir uns anstrengen, wird alles anders', sondern jeder arrangiert sich mit der Wirklichkeit."

„Die Welt ist nämlich unhamlich schiach", läßt Wolfgang Bauer seinen Joe in dem 68er-Kultstück „Magic Afternoon" sagen. Sechs Jahre später, in den „Gespenstern", wirft ein Schriftsteller auf der Bühne die Schreibmaschine aus dem Fenster. Die Resignation in diesen Stücken ist jedoch keine endgültige.

Heute sagt Wolfi Bauer, 44: „Damals gab es einen Aufbruch, jetzt steht alles still. Heute gibt es nichts mehr, wofür ich mich einsetzen würde. Heute sind zum Teil zu dumme Leute am Ruder. Die Phase von 1968 ist erschöpft, das sichere Radl ist wieder ans Steuer gekommen." Er schließe sich der ökologischen Bewegung nicht an, weil er Angst vor solchen Gruppierungen habe: „Ich habe schon Anfang der sechziger Jahre ‚grüne' Stücke über den Verlust der Natur geschrieben, den ‚Schweinetransport' etwa oder ‚Maler und Farbe'. Heute habe ich Angst, solche Stücke zu schreiben."

Bauer hat mit der Hippie-Bewegung immer mehr sympathisiert als mit der Studentenbewegung. Schon im Dezember 1965 gab es im Grazer „Forum Stadtpark" ein Happening über Kunst und Lebensfreude („Happy Art und Attitude"). Gunter Falk (1941–1983) hat das theoretische Manifest dazu geschrieben, Bauer gestaltete das Programm des Abends, der schließlich mit einer Schlägerei geendet hat.

Auch im literarischen Bereich gehen in Graz die Uhren anders als im übrigen deutschsprachigen Raum: In der Bundesrepublik Deutschland bemühten sich schon in den fünfziger Jahren Schriftsteller wie Günter Grass und Heinrich Böll um eine konkrete Aufarbeitung der Vergangenheit. In den späten sechziger und frühen siebziger Jahren beziehen die Wiener Michael Scharang und der Kärntner Peter Turrini in ihren Stücken und Romanen eindeutige politische Positionen: Sie setzen sich mit ausgebeuteten und unterdrückten Menschen auseinander und lassen die Betroffenen selbst zu Wort kommen.

Bei den Autoren um das „Forum Stadtpark" dominiert der ästhetische Anspruch: Sie vermitteln Gesellschaftskritik nicht konkret, sondern über Textstrukturen. „Für mich war die Mischung aus Literatur und Politik in den sechziger Jahren gefährlich", sagt Wolfi Bauer: „Viele Literaten waren eigentlich schlechte Literaten und sind nur über die Politik zur Literatur gekommen. Literatur war nur mehr wichtig, wenn sie etwas transportiert hat, während ich eher für den wertfreien Künstler bin."

Vietnam habe ihn damals nicht besonders interessiert: „Ich bin bei jeder Lesung gefragt worden, was tun Sie für Vietnam, das war schon richtig penetrant. Man konnte schon keine normale Dichterlesung mehr halten. Kunst und Literatur wurden beschlagnahmt und für den Protest verwendet." Dennoch sei er froh, daß er damals 25 und nicht 60 oder 5 Jahre alt war: „Schön war, daß alles möglich war. Wittgenstein und Donald Duck zur selben Zeit, das war das Schöne. In der linken Tasche Wittgenstein, und in der rechten Tasche Donald Duck."

Außerdem habe es damals in Graz eine Gruppe gegeben, die sich gegenseitig angeregt hat: „Wir hatten den Druck der Nichtbeachtung, wir sind bis zu einem gewissen Alter als unmündig betrachtet worden. Der Gedanke, Schriftsteller zu werden, war ja in den frühen sechziger Jahren noch hirnrissig. Heute wissen die meisten, was ein Schriftsteller ist. Heute ist für junge Künstler der Weg geebnet. Manuskripte werden gelesen, Stipendien gibt es zuhauf, das alles war damals undenkbar. Vielleicht haben es heute die Künstler aber auch schwerer, weil sie manchmal zu früh entdeckt werden und dann ihren Arbeiten kritiklos gegenüberstehen."

Der Protest gegen Hainburg ist Bauer übertrieben vorgekommen: „Mein Instinkt sagt mir, da mache ich nicht mit, obwohl ich natürlich für eine reine Umwelt bin. Es wird schnell ein Spiel daraus, aus dem man politisch Kapital schlagen kann." Bei der nächsten Nationalratswahl wird Bauer „erst recht" SPÖ wählen, „weil sich Sinowatz bei aller Ungeschicklichkeit sehr menschlich verhalten hat".

„In Wien ist heute viel mehr los als in Graz", sagt Wolfi Bauer. Vor einigen Jahren noch galt Graz als die Metropole der Kultur, der Literatur im besonderen, inzwischen jedoch hat Wien – seiner Größe und budgetären Möglichkeiten entsprechend – aufgeholt: Heute gibt es in der Bundeshauptstadt rund zwanzig Mittel- und Kleinbühnen.

1968 waren „Die Komödianten“ eines der wenigen Kellertheater in Wien. „Wir wollten“, so Conny Hannes Meyer, Gründer und Chef der Bühne, „nicht nur gesellschaftskritisches, sondern auch gesellschaftsveränderndes Theater machen und haben uns immer an Brecht geschult.“ Die Schauspieler haben sich nach den Aufführungen der Diskussion gestellt, aber das Publikum war weit weniger verstört, als Meyer es sich gewünscht hätte: Entweder es war ohnehin schon überzeugt, oder es protestierte gegen die politische Agitation, die es – literarisch verpackt – zu sehen bekommen hatte. Die Schauspieler mußten sich oft den Vorwurf gefallen lassen, daß sie Politik statt Kunst machen würden. Die Frage, ob das Theater politischer Kampfplatz sei oder nicht, spaltete das Ensemble in zwei Lager: Die politisch radikalere Gruppe trennte sich von Meyer.

Nach 1945 bestand ein großer Nachholbedarf an jenen Stücken, die während der Nazizeit verboten waren – so wurde etwa das dramatische Werk von Sartre und Genet „entdeckt“ und endlich auch auf österreichische Bühnen gebracht. 1968 kannte man dann diese Autoren bereits und suchte wieder nach Neuem. Dabei ist man auf Altbewährtes gestoßen: Csokor, Horváth, Musil und Kafka wurden wieder gespielt.

Der gefragteste zeitgenössische österreichische Autor in den späten sechziger Jahren sei, meint Meyer, Peter Handke gewesen: Sein Stück „Kaspar“, in dem es um die Manipulation des Menschen geht, war ein ganz großer „Hit“. Außer Erich Fried habe es damals aber sonst kaum noch österreichische Autoren gegeben, die bei den jungen Theaterbesuchern gefragt gewesen wären: „Den jungen Leuten ging es um die Abrechnung mit einer Generation, die immer gesagt hat: ‚Wir haben aufgebaut'. Über dieses Thema haben aber viel zuwenig österreichische Autoren geschrieben. Wir waren auf deutsche Autoren, wie Peter Weiss, angewiesen" (Meyer).

Heute sind „Die Komödianten" nicht mehr, wie 1968, in einem Kellerlokal am Börseplatz, sondern im Wiener Künstlerhaus untergebracht. Um das zu erreichen, hat sich die Gruppe in den sechziger Jahren nackt vor das Burgtheater gesetzt: „Wir wollten demonstrieren, wer die Subventionen bekommt und wie wir daneben ausschauen."

Überhaupt sei heute alles anders, glaubt Meyer: „Heute darf alles gespielt werden, worüber man 1968 noch hergefallen wäre. Heute ist es für einen jungen Schauspieler selbstverständlich, daß er nicht nur mit dem Text, sondern auch mit dem Körper zu arbeiten hat. Verträge, wie sie heute jeder Akteur fordert, waren damals völlig unüblich. Früher war es eine Seltenheit, wenn man sich im Theater auch mit politischen Fragen beschäftigt hat, heute ist jedem klar, daß sich Kultur und Politik wechselweise bedingen."

Zeitgenössische österreichische Dramatiker finden sich im Repertoire der „Komödianten" allerdings auch heute noch selten . . .

Was ist geblieben?

Die meisten Rädelsführer von einst sind zwar – so sie nicht, wie Schmidt, Lacina oder Konecny, von ihrem Job her die Gegenposition einnehmen müssen – bei der Wiener Au-Demonstration am 17. Dezember 1984 mitmarschiert. Sie solidarisierten sich mit den „Alternativen“ und „Grünen“ aber erst, als offenkundig war, daß deren Protest längst nicht mehr nur gegen den Kraftwerksbau gerichtet war.

Den 68ern ging es auch 1984 nicht um die Zerstörung der Natur, sondern um die Willkür der Staatsgewalt. Sie gingen nicht für die Erhaltung der Au auf die Straße, sondern demonstrierten gegen das System. Es wäre zu einfach, die Abstinenz der österreichischen 68er in der heutigen ökologischen Bewegung nur mit Müdigkeit oder Resignation zu begründen. Sie hat vielmehr mit den vielzitierten Kommunikationsschwierigkeiten zwischen den Generationen zu tun.

„Das Absingen der Bundeshymne klingt in unseren Ohren schon recht penetrant“, sagt Silvio Lehmann und spricht damit ein Unbehagen aus, das viele 68er gegenüber den 84ern haben: Diejenigen, die sich einst intellektuelle Florettkämpfe geliefert haben, verstehen die neuen Ausdrucksformen nicht. „Damals hat man etwas dreimal durch den Adorno und den Marcuse durchfaschieren müssen, bis eine Idee geboren war“ (Nenning), heute wird (wenn überhaupt) von Natur und Heimat gesprochen. Der Akt, die Disziplin zu durchbrechen und das Mikrofon einfach in die Hand zu nehmen, ist heute oft wichtiger als das, was gesagt wird.

Für Erich Kitzmüller, einen der Chefideologen der Alternativen, haben die 68er einen „verdeckten und verlogenen Herrschaftsanspruch“ gehabt: „Jetzt ist man kleinkariert geworden, dafür hat man die Selbstsicherheit, Dinge anzupacken. Die 84er beziehen sich mehr auf die Naturgeschichte als auf den Lauf der Geschichte. Das hat den Vorteil, daß man mehr weiß und sich weniger irren kann. Der Marxismus war für die 68er eine Art Heilsgeschichte. Die Grünbewegung ist eine Lehre voll Skepsis gegenüber der großen Theorie. Das differenzierte Denken ist heute nicht so entwickelt wie bei den 68ern, dafür sind die Fähigkeiten, Wichtiges von Unwichtigem zu unterscheiden, größer geworden.“

Wird den Jungen der achtziger Jahre gern ein Mangel an rationalen Argumenten vorgeworfen, so beklagen manche 68er heute das Defizit an Gefühl in ihrer Bewegung: „Vietnam und der Prager Frühling selbst. Die Kulturrevolution, Marcuse, Trotzki, Foucault und Freud; ich nehme mir, was ich brauche. Überfüttert ich – und so hungrig“, schreibt Robert Schindel 1983 in einem Essay über das Marxverständnis der Studentenbewegung.

Dieter Kunzelmanns Satz „Was geht mich Vietnam an, ich hab’ Orgasmusschwierigkeiten“ wurde zum geflügelten Wort unter den Linken: Sie wollten eins im anderen lösen, auch die Sinnlichkeit wurde theoretisch behandelt und „in endlosen teach ins weggetratscht“ (Schindel).

Heute trifft man einander nicht mehr bei „teach ins“, sondern am Lagerfeuer. Ideologien sind nicht mehr gefragt, man spricht weder von Marxismen noch von Maoismen oder Anarchismen. Die elitäre „Kopfbewegung“ wurde von einer „Gefühlsbewegung“ abgelöst, die sowohl altersmäßig als auch von der sozialen Schichtung her viel breiter ist, als es die Studentenbewegung je war.

Die 68er sind die Wegbereiter, aber nicht die Eltern der 84er: Die meisten Jugendlichen, die Weihnachten ’84 in der Au verbracht haben, kamen nicht aus Wohngemeinschaften, sondern aus recht bürgerlichen Familien. Daß man überhaupt auf die Idee gekommen war, zu protestieren, ist jedoch eine Folge von 1968. Die Fragen und Forderungen, die damals gestellt wurden, haben kurzfristig weit weniger bewirkt, als sich die Studenten erhofft hatten. Längerfristig haben sie jedoch das Klima im Staat wesentlich beeinflußt: Autoritäten werden heute nicht mehr so kritiklos akzeptiert wie früher, Hierarchien wurden abgebaut, man geht in den Institutionen anders, lockerer miteinander um. Die 68er haben die Atmosphäre verändert: Heute getraut man sich, aufzubegehren, sogar gegen den Staat.

Lacina ist heute Minister, Strobl Stadtrat, zahlreiche ähnliche Karrieren wurden beschrieben. Für die meisten von ihnen war das, was sie als Studenten getan haben, mehr als ein Jugendstreich: Sie erzählen gern von ihrer Vergangenheit und vergessen nicht, zu beteuern, daß manche Zielvorstellungen von damals für sie heute immer noch gelten. Natürlich habe man vieles revidieren müssen, heißt es dann. Wieviel von den alten Idealen auf dem Marsch durch die Institutionen verlorengegangen ist, zeigt sich dann im konkreten Verhalten. Ob in der Frage Hainburg, in der Affäre Frischenschlager – Reder oder in der Entscheidung über die Abfangjäger: Die 68er, die heute an der Macht sind, haben sich in jedem Fall auf die Seite des Systems gestellt. Helden waren die österreichischen 68er nie. Sie sind, wie Bruno Kreisky es ausdrückt, „recht ordentlich in ihrer Gesinnung und von hohem moralischem Niveau“. Werte, die zwar für keine spektakulären Ereignisse sorgen, aber die innenpolitische Landschaft doch entscheidend beeinflussen.

Diese Wirkung ist ebensowenig meßbar wie die Prägung, die viele „Mitläufer“ 1968 erfahren haben: Die Aufbruchsstimmung war auch für den politisch nicht engagierten Studenten anregend. Viele, die 1968 studiert haben, unterrichten heute als Lehrer, und einige von ihnen bemühen sich, den Kindern nicht nur Bücherwissen zu vermitteln. Nicht wenige Schüler haben ihre Lehrer oder ihre Lehrerin in der Au wiedergetroffen. Solche Erfahrungen beeinflussen nicht nur den Umgang mit Autoritäten, sondern bewirken auch ein vollkommen neues Politikverständnis.

Schließlich sei noch einmal auf den bereits einleitend ausgeführten Aspekt der zerstörten Feindbilder hingewiesen: Die Lagergrenzen haben 1968 zu bröckeln begonnen, heute sind sie aufgelöst. „Damals gehörte für uns jeder, der eine Lodenjacke trug, zur ÖVP“, sagt Brigitte Herrmann. Für sie war die Intoleranz ihrer Generation eine der großen Schwächen der Studentenbewegung. Heute gelten die traditionellen Loyalitäten nicht mehr, die Parteizugehörigkeit ist unwesentlich geworden: Ob in Blue jeans oder in Lederhosen – man gibt einander die Hand, wenn man sich in einer Frage einig ist.

Gerade diese unkonventionellen Bündnisse sind es, die manche 68er mißtrauisch gegenüber der heutigen Bewegung machen: Für sie sind ökonomische und machtpolitische Zusammenhänge wichtig, von denen die meisten '84 (noch) nichts wissen.

ABKÜRZUNGEN

APO	Außerparlamentarische Opposition
AUF	Aktion unabhängiger Frauen
CV	Cartellverband
FNL	Föderation Neue Linke
FÖJ	Freie Österreichische Jugend
FÖST	Freie Österreichische Studentenschaft
GRM	Gruppe Revolutionärer Marxisten
KB	Kommunistischer Bund
KHG	Katholische Hochschulgemeinde
KHJ	Katholische Hochschuljugend
MKV	Mittelschüler-Kartellverband
MLS	Marxistisch-Leninistische Studenten
ÖH	Österreichische Hochschülerschaft
ÖSU	Österreichische Studentenunion
RFS	Ring Freiheitlicher Studenten
SDS	Sozialistischer Deutscher Studentenbund
SÖS	Sozialistischer Österreichischer Studentenbund
VDS	Vereinigung Demokratischer Studenten
VSM	Verband Sozialistischer Mittelschüler
VSStÖ	Verband Sozialistischer Studenten Österreichs

NAMENVERZEICHNIS

Februar 1968: „Internationale Vietnam-Konferenz" in Westberlin.
Von links nach rechts: Christian Semmler, Gaston Savatore, Rudi Dutschke, Günter Amend und Kurt Steinhaus *(Foto: Votava)*.

April 1968: Eine Straßenschlacht in Westberlin, unmittelbar nachdem die Kugeln eines Attentäters Rudi Dutschke getroffen hatten *(Foto: Votava)*.

Vietnamdemonstration vor dem Amerikahaus in Wien 1968 *(Foto: Votava).*

Die Grazer 68er engagierten sich stark für ihre – im eigenen Land oft verfolgten – griechischen Kollegen *(Foto: Philipp)*.

Wichtiger als jedes Wortbekenntnis ist Gretchen Dutschke die praktizierte Konsequenz: Die Auseinandersetzung mit der Umweltproblematik hat die Witwe des Studentenführers veranlaßt, sich als Ernährungswissenschaftlerin auszubilden *(Foto: Kleine Zeitung)*.

Mai 1968: Daniel Cohn-Bendit verhandelt mit französischen Grenzbeamten. Der Studentenführer versuchte trotz des gegen ihn ausgesprochenen Einreiseverbotes über Saarbrücken nach Frankreich zurückzukehren *(Foto: Votava)*.

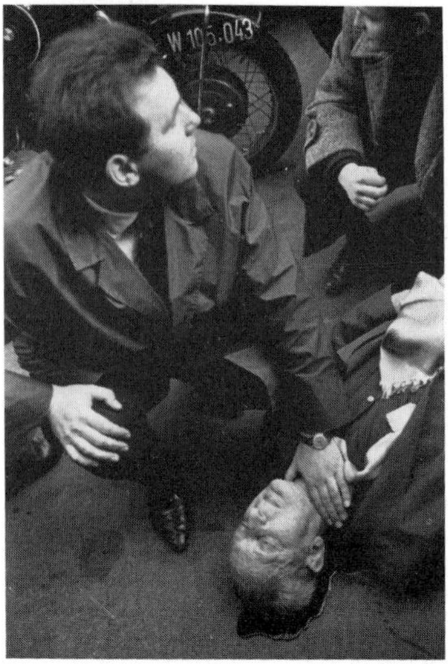

Bei den Demonstrationen um Borodajkewycz wurde der Pensionist Ernst Kirchweger von dem Rechtsradikalen Günter Kümel tödlich verletzt *(Foto: Votava)*.

Die Vorlesungsmitschriften von Ferdinand Lacina bestätigten die neonazistischen Aussagen von Borodajkewycz *(Foto: Kleine Zeitung)*.

Der ÖH-Vorsitzende Stephan Schulmeister spricht vor demonstrierenden Studenten in der Aula der Wiener Universität *(Foto: Basch)*.

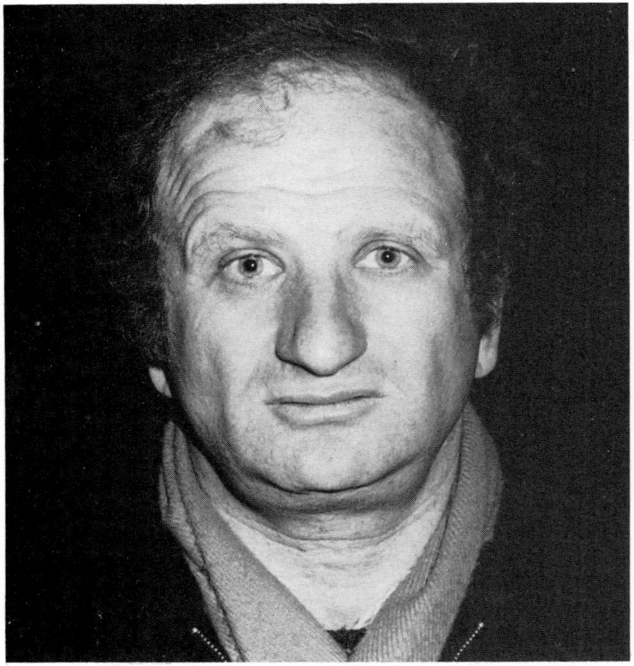

Peter Kreisky sucht noch immer nach einer Synthese zwischen „Altbewährtem und nie Dagewesenem“ *(Foto: Kleine Zeitung)*.

Für Silvio Lehmann ist die SPÖ heute „eine verkalkte, in den Spitzen versteinerte Arbeiterbewegung“ *(Foto: Kleine Zeitung)*.

Peter Kreisky 1969 bei einer Demonstration gegen das österreichische Bundesheer *(Foto: Kleine Zeitung)*.

Peter Kowalski war einer der schärfsten Denker unter den Wiener 68ern. Ob bei der Rektorinauguration 1968. . .

oder bei einer Diskussion mit Unterrichtsminister Theodor Piffl-Perčević, er forderte Professoren und Politiker immer wieder zu rhetorischen Florettkämpfen, denen die Honoratioren nur selten gewachsen waren *(Fotos: Votava)*.

Bernhard Frankfurter ist überzeugt, daß ein neues 68 kommen wird, weil „die Machthaber heute genauso kleinbürgerlich und konservativ sind wie vor 68“ *(Foto: Kleine Zeitung)*.

Bruno Aigner predigt die revolutionäre Geduld: „Fünf Schritte nach vor gestürmt, dann wieder drei bis vier Schritte zurück“, lautet seine Devise. Für ihn war 68 kein „kurzes Aufflackern von Protest, der dann wie ein Salzburger Nockerl in sich zusammenfällt“, sondern „ein Hebel zur gesellschaftlichen Veränderung“ *(Foto: Votava)*.

Georg Hoffmann-Ostenhof ist stolz auf seine Vergangenheit: „Ich bin ein 68er geblieben: Die Sozialdemokratie war ein Erfolg der Revolte. Die Hoffnungen, die wir in die SP-Regierung gesetzt haben, waren wahnsinnig groß und mußten zerstört werden“ *(Foto: Votava)*.

Für Wolfgang Aigner ist 1968 wie „ein Leuchtfeuer, dem man nachgeht“, geblieben. Damals wäre er stolz darauf gewesen, wenn sein Sohn zum CV gegangen wäre, heute würde er sich hundertmal überlegen, ob er ihm dazu raten könnte *(Foto: Kleine Zeitung)*.

Werner Vogt hat sich bisher weder von seiner Standesvertretung noch von einer Partei einfangen lassen: „Den Luxus, eine Meinung zu vertreten, kann man sich nur leisten, wenn man draußen ist. Wenn die Unzufriedenen aus den etablierten Großparteien ausgestiegen wären, hätte sich auf dem Alternativsektor viel mehr getan" *(Foto: Kleine Zeitung)*.

Eva Kreisky ist heute nicht mehr bereit, sich zu krümmen: „Ich habe aus der studentenbewegten Zeit gelernt, mit Institutionen anders umzugehen, eine Autonomie in der Institution zu bewahren und mich nicht von Sachzwängen und Konventionen unterkriegen zu lassen" *(Foto: Kleine Zeitung)*.

Der „Aktions“-Gründer Gerfried Sperl bei einer Diskussion mit Norbert Leser und Anton Pelinka im Forum Stadtpark *(Foto: Kleine Zeitung)*.

Der Architekturstudent Helmut Strobl war drei Jahre lang Vorsitzender der Grazer „Aktion“; heute ist er Kulturstadtrat in Graz *(Foto: Kleine Zeitung)*.

Wolfgang Pumpernig hat der Grazer Studentenszene der sechziger Jahre Farbe gegeben, ohne jemals irgendwo dabeigewesen zu sein. Er war ein Sponti, bevor es die „Spontis“ gegeben hat – heute ist er Beamter in der steiermärkischen Landesregierung *(Foto: Kleine Zeitung)*.

Peter Bachmaier sieht zur Zeit keine politische Bewegung, wo er mitarbeiten könnte; er versucht, sein politisches Interesse „wissenschaftlich aufzuarbeiten“. Vor 1968 war Bachmaier der Chefideologe des Grazer VSStÖ *(Foto: Kleine Zeitung)*.

Heidi Straka-Zotter, Walter Papousek und Manfred Heindler versuchen sich gemeinsam an ihre studentenbewegte Zeit zu erinnern. Immer wieder kommt dabei der Konflikt zwischen dem VSStÖ und der steirischen SPÖ zur Sprache *(Foto: Kleine Zeitung)*.

Ohne die 68er wäre Richard Kriesche, wie er selbst sagt, nicht auf die Idee gekommen, im außerinstitutionellen Bereich tätig zu sein. Die 68er-Indoktrination war für ihn jedoch „zu sehr verbal-dogmatisch“ *(Foto: Kleine Zeitung)*.

Demonstration zum Thema „Architektur und Freiheit“ im Grazer Künstlerhaus 1969. Die Badewanne sollte eine Architektur mit menschlichem Maß symbolisieren *(Foto: Kriesche)*.

Peter Weibel und seine Freunde wollten aus diesem Österreich aussteigen, „weil es uns bankrott und vertrottelt erschienen ist". Die Avantgardekünstler hatten damals keine Medienunterstützung, „wir waren für alle Unrat und Dreck" *(Foto: Kleine Zeitung)*.

Die 84er-Bewegung hat für Peter Weibel „die Symptome einer Überläufermentalität" *(Foto: Kleine Zeitung)*.

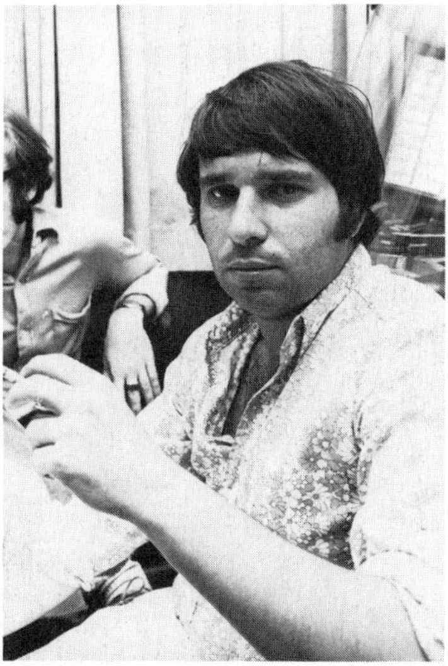

Wolfi Bauer ist 1968 bei jeder Lesung gefragt worden: „Was tun Sie für Vietnam?" Er plädiert für den wertfreien Künstler und hält jede Mischung aus Literatur und Politik für gefährlich *(Foto: Kleine Zeitung)*.

Polizeieinsatz in der Hainburger Au im Dezember 1984 *(Foto: Philipp)*.

Weihnachten in der Au, mit dabei – damals und heute: Günther Nenning *(Foto: Philipp)*.

Mai 1985: Demonstration in Zeltweg gegen den Ankauf der „Draken" *(Foto: Philipp)*.